Algoritmos e o Direito

Algoritmos e o Direito

2020

Paulo Victor Alfeo Reis

ALGORITMOS E O DIREITO
© Almedina, 2020

AUTOR: Paulo Victor Alfeo Reis
DIAGRAMAÇÃO: Mariana Silva
DESIGN DE CAPA: FBA
ILUSTRAÇÕES: Isabelle Cristina Alfeo Reis D'Afonseca e Silva
ISBN: 9788584935673

Dados Internacionais de Catalogação na Publicação (CIP)
(Câmara Brasileira do Livro, SP, Brasil)

Reis, Paulo Victor Alfeo
Algoritmos e o Direito /
Paulo Victor Alfeo Reis. – São Paulo : Almedina, 2020.

Bibliografia.
ISBN 978-85-8493-567-3

1. Algoritmos 2. Direito - Teoria 3. Ética
4. Personalidade (Direito) 5. Relações jurídicas
6. Sociedade da informação 7. Sociologia jurídica
8. Tecnologia e direito I. Título.

19-31257   CDU-34:316.3

Índices para catálogo sistemático:

1. Algoritmos e relação jurídica : Direito da
sociedade da informação 34:316.3

Maria Paula C. Riyuzo - Bibliotecária - CRB-8/7639

Este livro segue as regras do novo Acordo Ortográfico da Língua Portuguesa (1990).

Todos os direitos reservados. Nenhuma parte deste livro, protegido por copyright, pode ser reproduzida, armazenada ou transmitida de alguma forma ou por algum meio, seja eletrônico ou mecânico, inclusive fotocópia, gravação ou qualquer sistema de armazenagem de informações, sem a permissão expressa e por escrito da editora.

Fevereiro, 2020

EDITORA: Almedina Brasil
Rua José Maria Lisboa, 860, Conj.131 e 132, Jardim Paulista | 01423-001 São Paulo | Brasil
editora@almedina.com.br
www.almedina.com.br

"Sucesso é a capacidade de se passar por um fracasso a outro com entusiasmo"

Winston Churchill

Aos meus pais, pelo árduo e descomunal esforço e trabalho, sempre dirigidos debaixo da graça de Deus à minha pessoa, no tocante à minha educação formal e moral, à formação do meu caráter, à paixão pelos livros e ao crescimento e desenvolvimento intelectual, pelos momentos de tristeza e alegria, de apertos financeiros e a vida digna e maravilhosa que hoje tenho ao custo de sua dedicação, amor e suor prévio. Que Deus me permita, ainda, retribuir à altura. Eu os amo muito!

AGRADECIMENTOS

Muitas foram as pessoas que me ajudaram no desenvolvimento deste trabalho e seriam vãs e injustas as tentativas de nomear cada uma delas aqui, tamanha a ajuda e incentivo que recebi dos amigos, familiares e colegas de trabalho e do mestrado. Por tal questão, decido concentrar estes agradecimentos em três pessoas que representam, para mim, tudo aquilo que alguém pode desejar e alcançar na vida.

Em primeiro lugar, meu agradecimento é dirigido a Deus, criador dos céus e da terra, triuno, mas que se fez carne em Jesus, concebido pelo poder do Espírito Santo, nascido da virgem Maria, que padeceu diante de Pôncio Pilatos e foi crucificado, morto e sepultado, mas que ressuscitou ao terceiro dia e que está assentado à destra do trono de Deus-Pai, de onde há de vir a julgar os vivos e os mortos; razão da minha existência e salvação eterna, pois tenho certeza que Ele, em sua infinita sabedoria, abre caminhos e também os fecha, segundo Sua soberana vontade. E o mestrado, da forma como ingressei, como o cursei e agora saio vitorioso, se deve a Seu cuidado e zelo constantes.

Também sou grato a Deus por ter colocado em minha jornada as demais pessoas a quem agradeço por esta dissertação: o Professor Roberto Senise Lisboa e a minha então noiva, hoje esposa, Renata Tibiriçá dos Reis.

Conheci o Professor Senise em 2017, ocasião em que ingressei no programa de mestrado das Faculdades Metropolitanas Unidas e que me inscrevi em seu crédito sobre Proteção Jurídica do Consumidor na Sociedade da Informação, antes mesmo de tomar conhecimento de que este se tornaria meu orientador. O mestre, como gosto de chamá-lo, foi meu orientador não só nos caminhos do mestrado, mas também nos caminhos do conhecimento, me abrindo horizontes da vida acadêmica e do magistério, em cada uma de suas aulas e conversas, evidenciando o antigo dizer de Bernard de Chartres que só podemos enxergar mais alto quando nos debruçamos sobre os ombros de gigantes, ou ainda, corrobora os dizeres de Salomão, em Provérbios 13:20, de que aquele que anda com os sábios será cada vez mais sábio, diferentemente do companheiro dos tolos, que acabará sempre mal.

Foi a direta intervenção do mestre Senise que fez com que o trabalho evoluísse e atingisse seu patamar atual. Sem sombra de dúvidas e sem falsa modéstia eu digo: todos os acertos desta dissertação são devidos única e exclusivamente ao Professor Roberto Senise. Todos os erros e imperfeições devem-se unicamente a minha pessoa.

Por fim, mas não menos importante, conheci minha noiva, Renata, em um momento turbulento de decisões e dúvidas sobre a vida profissional e acadêmica. E em meio a tantas incertezas e transições, ela me foi presente, como pessoa amiga e benção de Deus. Com ela aprendi a me preocupar mais com o outro e enxergar que todo ser humano é diferente de mim, e que é aqui onde mora a beleza da criação de nosso Deus. Ensinou-me a ver os lados contrários com ternura e a tentar enxergar com amor as razões daqueles que pensam diversamente de nós. Mais do que na vida, me reforçou o espírito crítico necessário para a maturidade da vida acadêmica e intelectual, corroborando o que Santo Agostinho certa vez nos alertou, que é temer o homem de um livro só. Com seus defeitos e virtudes, assim como os que eu possuo, em maior escala claro, percebo que realmente quem encontra uma esposa encontra algo excelente; e recebeu benção do Senhor, como diz mais uma vez, Salomão, em Provérbios 18:22.

Obrigado Senhor Deus.
Obrigado mestre Senise.
Obrigado Renata, meu amor.

NOTA DO AUTOR

A presente obra propõe uma análise jurídico-sociológica das mudanças perceptíveis, e as que ainda podem ocorrer ao longo do desenvolvimento da pesquisa, sobre a teoria da relação jurídica e o advento dos algoritmos. Propõe-se compreender o fenômeno jurídico no ambiente social mais amplo, analisando-o como variável dependente da sociedade que desta surge ou está inserido, considerando genericamente o termo algoritmo para abarcar as espécies de Inteligência Artificial, Aprendizado de Máquina (*Machine Learning*), Aprendizado Profundo (*Deep Learning*), Redes Neurais (*Neural Networks*) e Internet das Coisas (*Internet of Things*), dentre outras aplicações tecnológicas que chamam atenção em razão dos recentes e impressionantes avanços no uso desses algoritmos e da importância cada vez maior que passaram e, passarão, a ter em dias vindouros.

A abordagem do tema envolve o tratamento tecnológico e jurídico desses códigos ou conjuntos de instruções informáticas e telemáticas e as diversas possibilidades de utilização nas relações pessoais na Sociedade da Informação. Pretende, assim, esmiuçar os caminhos pelos quais os algoritmos podem ser considerados como objetos de direitos, ou seu superdimensionamento, frente ao respectivo tratamento jurídico para os fins de responsabilização. O estudo adota inicialmente o referencial teórico formulado por Gilles Lipovetsky, Zygmunt Bauman e Armand Mattelart para conceituar o estágio atual de desenvolvimento da sociedade capitalista de consumo, no qual a informação – matéria-prima dos algoritmos é transformada em *commodity* e aplicada na geração de valor, bem como nas proposições de Stefano Rodotà e Manuel Domingues de Andrade acerca das relações jurídicas e o atual estágio do direito civil ocidental entre o sujeito, objeto e a pessoa. Pretende discutir, nesse cenário, a existência de consensos sobre os limites sociais e jurídicos dessas aplicações tecnológicas e a necessidade de definição de novos ou consolidados parâmetros para a defesa e interpretação da teoria da relação jurídica.

Será realizado um levantamento dos aspectos sociais, tecnológicos e jurídicos que envolvam a presença de algoritmos no tratamento, utilização e análise de relações e dados para as mais diferentes finalidades, pautando-se pela compilação de dados teóricos e documentais, doutrinários e jurisprudenciais, através do método dedutivo e dialético.

SUMÁRIO

Introdução	15
CAPÍTULO 1: DA RELAÇÃO JURÍDICA	**19**
1.1 Relação Jurídica e Inteligência Artificial	19
1.2 A Sociedade de Hiperconsumo e a Massificação das Relações Jurídicas na Sociedade da Informação	42
1.3 As Relações Patrimoniais e Existenciais: o Direito Civil Constitucional	89
CAPÍTULO 2: DOS ALGORITMOS	**101**
2.1 A Relevância Social do Algoritmo	101
2.2 Sociedade da Informação, Surgimento e Desenvolvimento dos Algoritmos	106
2.3 Elementos e Estruturas Técnicas	119
CAPÍTULO 3: DOS EFEITOS JURÍDICOS DA RELAÇÃO ALGORÍTMICA	**143**
3.1 A Relação Algorítmica	143
3.1.1. O Algoritmo como Objeto de Direito	148
3.1.2. O Algoritmo e seu Superdimensionamento	155
3.2 As Implicações Jurídicas	161
3.2.1. Da Sociedade de Buscas à Lesão de Direitos da Personalidade	161
3.2.2. Da Inteligência Artificial ao Direito a Fundamentação Humana em Decisões Automatizadas	169
Considerações Finais	179
Referências	185

INTRODUÇÃO

Na sociedade contemporânea, faz-se necessária uma análise jurídica e sociológica das metamorfoses da teoria da relação jurídica e o advento dos algoritmos: aplicações tecnológicas que estão presentes em todos os lugares, até mesmo nos sistemas de frenagem de automóveis populares, uma vez que são usados em computação há décadas, mas que assumiram uma importância crescente em várias partes da economia e da sociedade nos últimos anos, em virtude da disseminação dos computadores, da internet e dos smartphones, mais do que isso, de uma verdadeira ascensão de uma Sociedade da Informação. Tais algoritmos conquistaram um enorme espaço e hoje são responsáveis pela tomada de decisões no campo do consumo, na produção de cultura e na modificação de comportamentos, expandindo-se o número de operações importantes que podemos executar sem provocar um neurônio sequer.

Propõe-se, então, compreender o fenômeno jurídico no ambiente social mais amplo, analisando-o como variável dependente da sociedade, que desta surge ou está inserido, até porque, todo fato social merece importância por parte do Direito, que os procura regular ou acompanhar, notadamente pela massificação das relações jurídicas advindas da sociedade de consumo, como instrumentos para realização das transações em escala global e de formas para fomentar maiores consumidores e mercados, que aqui consideraremos genericamente como o termo algoritmo, para abarcar as espécies de Inteligência Artificial, Aprendizado de Máquina (*Machine Learning*), Aprendizado Profundo (*Deep Learning*), Redes Neurais (*Neural Networks*) e Internet das Coisas (*Internet of Things*), dentre outras aplicações tecnológicas, que impressionam em razão dos recentes e impressionantes avanços no uso dos algoritmos e da importância cada vez maior que passaram e, passarão, a ter em dias vindouros.

Para citar um exemplo recente, que traduz a relevância do tema, temos o caso do robô criado em 19 de abril de 2015 pela Hanson Robotics – nomeada de Sophia – cujo cérebro eletrônico é formado por três grandes funções algorítmicas. Ocorre que, tal robô recebeu a cidadania Saudita no fórum Future Investment Initiative e, hoje, possui mais direitos do que as mulheres, propriamente ditas, sauditas, como a possibilidade de se locomover sem a presença de um guardião do sexo masculino, que lhe dê permissão para agir, ou de se apresentar publicamente sem a necessidade de estar com o rosto e corpo cobertos.

Logo, a abordagem do tema envolve o tratamento tecnológico e jurídico desses códigos ou conjuntos de instruções informáticas e telemáticas e às diversas possibilidades de utilização nas relações pessoais desenvolvidas na Sociedade da Informação. Nesse sentido, o texto dessa obra adota a composição de que a Sociedade da Informação foi originada pela revolução tecnológica ocorrida nos meios de comunicação, cuja principal característica é a facilidade de obtenção, troca e difusão de informações advindas de qualquer lugar do globo, em tempo quase-real, de forma jamais vista na história da humanidade, onde o local e o nacional se misturam e a integração ou transgressão das fronteiras geográficas é a regra maior de inter-relação.

Pretende-se, assim, esmiuçar os caminhos pelos quais os algoritmos podem ser considerados como objetos de direitos, ou seu superdimensionamento, frente ao respectivo tratamento jurídico para os fins de responsabilização, no tocante às decisões, resultados ou buscas tomadas por estes algoritmos. O estudo adotará inicialmente o referencial teórico formulado por Gilles Lipovetsky e Armand Mattelart, contrastados com os pensamentos de Zygmunt Bauman para conceituar o estágio atual de desenvolvimento da sociedade capitalista de consumo, no qual a informação é transformada em commodity e aplicada na geração de valor, principalmente comercial e econômica, que por vezes acirra ou flexiona os papéis de mando ou sujeição, no cumprir ou exigir prestações nas relações jurídicas em observação. De igual forma, também analisaremos as proposições de Stefano Rodotà e Manuel Domingues de Andrade acerca das relações jurídicas e o atual estágio do direito civil ocidental entre o sujeito, objeto e a pessoa, no chamado Direito Civil Constitucional.

Neste cenário, busca-se discutir a existência de consensos sobre os limites sociais e jurídicos dessas aplicações tecnológicas e a necessidade de definição de novos ou consolidados parâmetros para a defesa e interpretação da teoria da relação jurídica, uma vez que essa vem sofrendo grandes transformações, em especial pelas proposições de elevação do anterior sujeito abstrato de direitos para a pessoa de direitos em Stefano Rodotà, que baseando-se na doutrina da Dignidade da Pessoa Humana, propõe verdadeira releitura dos institutos do Direito Privado, promovendo, consequentemente, novos estudos e olhares sobre os objetos e sujeitos de direitos em matéria de Direito Civil e Constituições. Para tanto, demonstrando a viabilidade da pesquisa, pretende-se realizar um levantamento dos aspectos sociais, tecnológicos e jurídicos que envolvam a presença de algoritmos no tratamento, utilização e análise de relações, informações e dados para as mais diferentes finalidades, pautando-se pela compilação de dados teóricos e documentais, doutrinários e jurisprudenciais, que através do método dedutivo e dialético serão contrastados com a teoria da relação jurídica.

Contudo, as mencionadas transformações ocorrem de forma tão rápida que geram dificuldades tanto para intérpretes como legisladores e pesquisadores. Isto porque, a combinação e propagação de algoritmos cada vez mais avançados e desenvolvidos, somados à uma verdadeira enxurrada de dados, que só se tornou possível com o poder de computação cada vez mais barato e difundido, tornam-se ainda mais amplamente distribuídos os benefícios ou malefícios dos algoritmos nas tomadas de decisões no campo do consumo, na produção de cultura e na modificação de comportamentos, melhorando ou piorando o dia-a-dia das pessoas em todas as áreas do conhecimento. Assim, este estudo pretende buscar respostas a seguinte indagação: à luz da relação jurídica, os algoritmos devem ser considerados como objetos ou sujeitos de direito e no que isto influenciaria em sua responsabilidade e regulamentação jurídica?

Por esta razão, o objetivo geral do trabalho consistirá na demonstração de que em sendo considerados como objetos de direitos ou superdimensionados em sujeitos de direitos, os algoritmos não podem ser deixados à margem do Direito, nem sequer podem configurar atentado a um todo histórico romano-germânico da relação jurídica. Destarte, a pesquisa aqui transcrita busca cumprir com os seguintes objetivos específicos: (i) estabelecer distinções conceituais e históricas relacionadas ao surgimento e desenvolvimento da Sociedade da Informação e como ela propiciou o crescimento dos algoritmos no cotidiano dos indivíduos; (ii) analisar, a partir dos fundamentos da relação jurídica, os benefícios ou malefícios da extrapolação do princípio da Dignidade da Pessoa Humana nas relações privadas; (iii) analisar a nova relação e evolução do direito com as tecnologias da informação e comunicação por trás dos algoritmos e a viabilidade ou não de sua regulação jurídica.

Desta forma, procura-se desenvolver, no Capítulo 1, o atual estágio da teoria da relação jurídica, amplamente difundida e modificada pela sociedade de hiperconsumo, que foi possibilitada pela Sociedade da Informação e a nova visão Constitucional do Direito Civil sob seus elementos e estruturas, ou seja, analisando as transformações sociais que a chamada Sociedade da Informação trouxe para a "pós-modernidade" e seus agrupamentos sociais. Procuraremos demonstrar que a difusão da informação e do hiperconsumo forjaram os alicerces para o surgimento de tecnologias da informação, tais como os algoritmos, e que ainda são diretamente responsáveis por sua corriqueira e expansível utilização.

Por conseguinte, no Capítulo 2, procuraremos apontar os conceitos e elementos técnicos dos algoritmos em evidência e suas implicações jurídicas, isto porque, na medida em que tais tecnologias modificam as relações e consequentemente as responsabilizações dessas, o intérprete do Direito deve, pelo menos, compreender um modelo conceitual dos algoritmos, obtendo-se um conhecimento preliminar e necessário para o usarmos eficientemente dentro das balizas legais existentes ou que venham a existir.

E, por fim, no Capítulo 3, mostrar-se-á a relação existente entre os algoritmos e a relação jurídica, com suas antinomias aparentes e a configuração como sujeitos de direitos ou objetos de direitos para se estabelecer qual o consequente perfil de responsabilização ou configuração jurídica apropriada. Assim, a presente obra consiste na tentativa de compatibilização da responsabilização do algoritmo, ou de seus criadores, com a figura do objeto ou sujeito de direitos da teoria da relação jurídica, como importante diálogo ou mecanismo nesta composição.

Capítulo 1
Da Relação Jurídica

1.1 Relação Jurídica e Inteligência Artificial

Nesta sociedade contemporânea de nossos dias, urgem-se mudanças perceptíveis sobre a teoria da relação jurídica e o advento dos algoritmos. Estas aplicações tecnológicas, que estão presentes em quase todos os lugares digitais ou não da atualidade, inclusive nos sistemas de freios ABS (Anti-lock Braking System)[1] que compõem quase todos os automóveis em circulação no mercado, vieram pra ficar, uma vez que tais algoritmos são usados em computação há décadas, mas assumiram uma importância crescente em várias partes da economia e da sociedade, nos últimos anos, em virtude da disseminação dos computadores pessoais, da internet e dos *smartphones*[2].

---

[1] A teoria por trás do funcionamento do ABS é bem simples, mas sua caracterização matemática é muito complexa. Existem diferentes algoritmos de controle para um sistema ABS, porém, o mais simples de ser compreendido é o sensor de velocidade. Esses sensores controlam constantemente a velocidade das rodas, de modo a detectar quais rodas estão prestes a entrar em bloqueio, em virtude de uma determinada desaceleração imposta ao conjunto todo, e o controle eletrônico do ABS – que é um microprocessador montado no carro, monitora esses sensores de velocidade e suas variações. Veja matéria explicativa disponível em: http://www.ebah.com.br/content/ABAAAgzVUAL/sistema-freios-abs?part=2, acessado em 11 de maio de 2018.

[2] A busca pelo chamado algoritmo mestre (algoritmo único capaz de descobrir todo o conhecimento passado, presente e futuro, a partir de dados fornecidos) é o que tem levado inúmeros estudiosos das ciências da computação a encontrar respostas para a questão de como

Os algoritmos conquistaram um enorme espaço e corroboram atualmente o antigo pensamento de Alfred North Whitehead – em sua obra Processo e Realidade[3], de que "a civilização avança ao expandir o número de operações importantes que podemos executar sem pensar".

Como melhor veremos em capítulos posteriores, a construção de um algoritmo segue três grandes etapas: a primeira consiste em identificar com precisão o problema a ser resolvido e encontrar uma solução para ele, como no exemplo acima, as situações em que o freio deve travar completamente o movimento de uma roda ou quando não o deve fazê-lo. É nessa fase que o cientista da computação carece da orientação de profissionais que saibam da tarefa a ser executada pelo algoritmo. Podem ser médicos ou biomédicos, no caso de um algoritmo que analise exames de imagem; sociólogos ou antropólogos, se o objetivo do algoritmo é identificar padrões de violência em regiões de uma determinada cidade; ou psicólogos e demógrafos na construção de um aplicativo que promova relacionamentos amorosos; ou até mesmo de biólogos e geólogos na construção de um algoritmo que preveja movimentos sísmicos.

A segunda etapa ainda não envolve operações matemáticas propriamente ditas, mas sim consiste em descrever a sequência de passos no idioma corrente, para que todos que o analisem possam compreender seus parâmetros, que, na etapa final, essa descrição é traduzida para alguma linguagem de programação. Só assim o computador consegue entender os comandos, que podem ser ordens simples, operações matemáticas e até algoritmos dentro de algoritmos, tudo em uma sequência lógica e precisa de procedimentos. É nesse momento final que encontramos em cena os programadores, profissionais incumbidos de escrever os algoritmos ou trechos deles. Daí, portanto, podemos compreender o fenômeno jurídico que

---

aprendemos e se há uma maneira melhor de se aprender, ou pelo menos, prever informações para alavancar o verdadeiro aprendizado da máquina. Para tanto, há cinco grandes escolas ou vertentes sobre o assunto: os simbolistas, os conexionistas, os evolucionários, os bayesianos e os analogistas; em que boa parte da história intelectual da ciência computacional, dos últimos cem anos, objetiva a construção de máquinas que aprendem sozinhas. Veja mais sobre o assunto em https://pt.linkedin.com/pulse/busca-pelo-algoritmo-mestre-adelino-mont-alverne, acessado em 11 de maio de 2018, bem como em DOMINGOS, Pedro. *O Algoritmo Mestre*. Como a busca pelo algoritmo de machine learning definitivo recriará nosso mundo. São Paulo: Novatec, 2017.
[3] *passim* WHITEHEAD, Alfred North. *Proceso y Realidad. Traducción de J. Rovira Armengol*. Buenos Aires: Editorial Losada, 1956.

se dá com a atuação dos algoritmos no ambiente social, pois dele e de suas interações dependem, seguindo os dizeres de Tepedino em que "todo fato social interessa ao Direito, já que potencialmente interfere na convivência social e, portanto, ingressa no espectro de incidência do ordenamento jurídico."[4], notadamente pela massificação das relações jurídicas advindas da sociedade de consumo, que utilizam os algoritmos como instrumentos para realização das transações em escala global e/ou de formas para fomentar maiores consumidores e mercados.

Em sua origem, algoritmos são sistemas lógicos tão antigos quanto a matemática. Seu nome vem da latinização do nome do matemático e astrônomo árabe Mohamed al-Khwarizmi, que no século IX escreveu trabalhos de grande referência sobre álgebra, mas tais algoritmos ganharam novos propósitos na segunda metade do século passado com o desenvolvimento dos computadores: com os algoritmos, foi possível criar rotinas para as máquinas trabalharem. A combinação de dois fatores, que surgiram no desenrolar da Sociedade da Informação – que procuraremos aprofundar mais a frente, ilustra por que suas aplicações no mundo real vêm se proliferando e por que os colocam no cerne ou base do desenvolvimento de softwares complexos. O primeiro foi a ampliação da capacidade de processamento dos computadores, que aceleraram a velocidade da execução de tarefas complexas pelos computadores pessoais e o segundo fator foi o advento do *Big Data*[5]: o barateamento da coleta e do armazenamento de quantidades gigantescas de informações, que deram aos algoritmos a possibilidade de identificar padrões imperceptíveis ao olhar humano, em atividades de todo e qualquer tipo em ambiente digital. Este é o campo de atuação dos algoritmos, que aqui neste trabalho consideraremos genericamente como o termo que abarca as espécies de Inteligência Artificial, Aprendizado de Máquina (*Machine Learning*), Aprendizado Profundo (*Deep Learning*), Redes Neurais (*Neural Networks*) e Internet das Coisas (*Internet of Things*).

---

[4] TEPEDINO, Gustavo. *O papel atual da doutrina do direito civil entre o sujeito e a pessoa*. In. TEPEDINO, Gustavo; TEIXEIRA, Ana Carolina Brochado; ALMEIDA, Vitor (Coords.). *O Direito Civil entre o Sujeito e a Pessoa. Estudos em Homenagem ao Professor Stefano Rodotà*. Belo Horizonte: Fórum, 2016, p. 22.

[5] "Megadados" em português, refere-se a um grande conjunto de dados, estruturados ou não-estruturados, armazenados em ambiente digital. Para maior aprofundamento ver https://canaltech.com.br/big-data/o-que-e-big-data/, e https://www.sas.com/pt_br/insights/big-data/what-is-big-data.html, acessado em 29 de outubro de 2018.

A título de exemplificação, a política ou estratégia de manufaturas avançadas, também conhecida por "Indústria 4.0"[6], com sua eloquente promessa de ampliar a produtividade de linhas de produção, depende de algoritmos de inteligência artificial para monitorar plantas industriais em tempo real que, munidos dos dados deste monitoramento prévio podem tomar decisões sobre recomposição de estoques, logística e paradas necessárias de manutenção. Um dos efeitos desta disseminação de algoritmos na computação foi o grande impulso dado à inteligência artificial, um campo de estudo criado na década de 1950 que desenvolve mecanismos capazes de simular o raciocínio humano[7]. Com cálculos computacionais cada vez mais velozes e a preponderância dos grandes acervos de informação com os quais é possível fazer comparações estatísticas, as máquinas auferiram a capacidade de alterar seu próprio funcionamento a partir de experiências acumuladas e melhorar seu desempenho, em um processo associativo que mimetiza a aprendizagem humana.

Como é o caso do robô criado em 2015 pela Hanson Robotics, nomeada de Sophia[8], cujo cérebro eletrônico possui três grandes funções algorítmicas, que melhor destrincharemos ao longo desta obra, mas que são: uma

---

[6] As três primeiras revoluções industriais (mecânica, elétrica e de automação) trouxeram a produção em massa, as linhas de montagem, a eletricidade e a tecnologia da informação, elevando a renda dos trabalhadores e fazendo da competição tecnológica o cerne do desenvolvimento econômico. A quarta revolução industrial, que terá um impacto mais profundo e exponencial, se caracteriza, por um conjunto de tecnologias que permitem a fusão do mundo físico, digital e biológico, no qual as principais tecnologias que permitirão tal fusão são a Manufatura Aditiva, a Inteligência Artificial (IA), a Internet das Coisas (IoT - *Internet of Things*), a Biologia Sintética e os Sistemas Ciber Físicos (CPS). Para maior aprofundamento ver http://www.industria40.gov.br/, acesso em 29 de outubro de 2018.

[7] Em meados dos anos 1950, um grande número de pesquisadores exploraram a conexão entre neurologia, teoria da informação e cibernética. Alguns deles construíram máquinas que usaram redes eletrônicas para exibir inteligência rudimentar, como as tartarugas de W. Grey Walter e a Besta de Johns Hopkins. Muitos desses pesquisadores se reuniram para encontros da Sociedade teleológica da Universidade de Princeton e o Ratio Club na Inglaterra. Daniel Lanet e o Teste de Turing também fazem parte deste período. Mas em 1960, esta abordagem foi abandonada, apesar de seus elementos serem revividos na década de 1980 nos estudos de desenvolvimento da inteligência artificial. Para mais informações ver https://tecnoblog.net/195106/inteligencia-artificial-historia-dilemas/, acessado em 29 de outubro de 2010.

[8] Veja o website oficial do robô Sophia em http://sophiabot.com/, acessado em 11 de maio de 2018.

plataforma de pesquisa em inteligência artificial, que responde perguntas simples de afirmação ou negação, tais como "aquela porta está aberta?", por meio de processamento de dados visuais; um programa que recita e aplica frases pré-carregadas em sua base de dados; e um "chatbot"[9] que interage com os usuários, compreendendo o que eles dizem e selecionando uma resposta apropriada, além de consultar dados da internet de interesse geral, como o preço de uma ação na bolsa de valores ou a temperatura média do dia, para conceder uma resposta[10] convincente ao ser humano.

De igual forma, a capacidade de computadores vencerem humanos em jogos de tabuleiro também mostra como esse campo da computação tem evoluído. Em 1997, o supercomputador *Deep Blue*, da IBM, conseguiu pela primeira vez vencer o então campeão mundial de xadrez, o russo Garry Kasparov[11]. Sendo capaz de simular aproximadamente 200 milhões de posições do xadrez por segundo, a máquina formada por muitos algoritmos antevia o comportamento do adversário várias jogadas à frente dele. O que nos chama a atenção é que tal estratégia não funcionava muito bem em um jogo de origem chinesa, chamado de *Go*, porque os lances possíveis eram numerosos demais para serem antecipados de igual forma, uma vez que o rol de possibilidades é considerado por alguns como maior do que a quantidade de átomos no universo[12]. Mas, para espanto de muitos e entusiasmo de outros, em março de 2016, a barreira do *Go* foi vencida, pois o programa *AlphaGo*, criado pela *DeepMind*, subsidiária da *Google*, conseguiu superar o campeão mundial do jogo, o sul-coreano Lee Sedol[13].

Essa larga utilização de algoritmos, nas relações pessoais em uma Sociedade da Informação, evidencia verdadeira revolução tecnológica ocorrida nos meios de comunicação, cuja principal característica denota a facilidade

---

[9] Um simulador de conversação humana, em tradução livre, robô-conversa. Ver mais sobre "chatbots" em matéria jornalística em https://medium.com/botsbrasil/o-que-%C3%A9-um--chatbot-7fa2897eac5d, acessado em 11 de maio de 2015.
[10] Veja matérias jornalísticas disponíveis em https://tecnologia.uol.com.br/noticias/redacao/2018/01/10/robo-sophia-ja-sabe-andar.htm, e https://tecnologia.uol.com.br/noticias/redacao/2018/01/10/robo-sophia-ja-sabe-andar.htm, acessados em 11 de maio de 2018.
[11] Disponível em: https://rafaelleitao.com/o-homem-e-a-mquina-o-match-kasparov-x-deep--blue/, acessado em 29 de outubro de 2018.
[12] Disponível em: https://super.abril.com.br/tecnologia/computador-vence-humano-em-go--jogo-mais-complexo-que-xadrez/, acessado em 29 de outubro de 2018.
[13] Idem.

de obtenção, troca e difusão de informações advindas de inúmeros lugares do globo, em tempo quase-real, nas quais "a integração e a ubiquidade são as palavras-chave. A transgressão das fronteiras é seu corolário, quer sejam elas físicas ou funcionais"[14], onde "o local, o nacional e o global se interpenetram"[15], razão pela qual o impacto dos algoritmos é também objeto de análise de outros campos do conhecimento. No campo cultural, é nítido percebermos o papel que desempenham os algoritmos do *Google*, *Facebook* e *Amazon* em sua construção; Ted Striphas, professor de história da cultura e da tecnologia na Universidade do Colorado, Estados Unidos assim defende em seu artigo *"Algorithmic Culture"*[16], que examina a influência dessas ferramentas na formação do que chamamos de cultura.

O antropólogo norte-americano Nick Seaver, pesquisador da Universidade de Tufts, também nos Estados Unidos, atualmente se dedica a um projeto baseado em pesquisa etnográfica e em entrevistas com os criadores de algoritmos de recomendações de músicas em serviços de *streaming*. Seu interesse é compreender como esses sistemas são esquematizados para atrair novos usuários e chamar a sua atenção, trabalhando na interface de áreas como aprendizado de máquina e publicidade on-line. A formação de "bolhas" de interesse ou de opinião e o consequente desenvolvimento ou crescimento das chamadas *fake news* no campo político, são suas grandes preocupações com as tecnologias desenhadas para manipulação da atenção de usuários[17].

Esses sistemas de recomendação, controlados por algoritmos, tornaram-se peças cruciais na indústria de entretenimento da internet. Em um artigo publicado em 2015, o engenheiro eletrônico mexicano Carlos Gomez-Uribe[18]

---

[14] MATTELART, Armand. *História da Sociedade da Informação*. São Paulo: Edições Loyola, 2002, p. 152.

[15] Idem.

[16] STRIPHAS, Ted. *Algorithmic Culture*. Bloomington: Sage Journals, 2015. Disponível em: http://journals.sagepub.com/doi/10.1177/1367549415577392, acessado em 29 de outubro de 2018.

[17] SEAVER, Nick. *Algorithms as culture: Some tactics for the ethnography of algorithmic systems*. Medford: Sage Journals, 2017. Disponível em: http://journals.sagepub.com/doi/10.1177/2053951717738104, acessado em 29 de outubro de 2010.

[18] GOMEZ-URIBE, Carlos A.; HUNT, Neil. *The Netflix Recommender System: Algorithms, Business Value, and Innovation*. Nova York: ACM Transactions on Management Information Systems, v. 6, ed. 4, 2016, p. 13 a 19. Disponível em: http://delivery.acm.org/10.1145/2850000/2843948/a13-gomez-uribe.pdf?ip=189.47.54.14&id=2843948&acc=OA&key=4D4702B0C3E38B35%2E4D4702B0C3E38B35%2E4D4702B0C3E38B35%2EE5B8A747884E71D5&__acm_

descreveu o funcionamento de conjuntos de algoritmos desenvolvidos pelo serviço de *streaming* da Netflix que fazem rankings personalizados de séries e filmes condizentes com o perfil de uso dos usuários nesta plataforma, segundo o qual se propõe ao desafio de levar o usuário-cliente a escolher um programa em menos de 90 segundos, prazo em que, segundo o estudo, a tendência do usuário é frustrar-se ou perder o interesse. Com isso, ao esmiuçarmos os caminhos pelos quais os algoritmos podem ser considerados como objetos ou sujeitos de direitos, e seu consequente tratamento jurídico para os fins de responsabilização, compreenderemos necessariamente o cenário sociocultural e econômico em cujas decisões, resultados ou buscas tomadas por estes algoritmos são realizadas.

Os pensamentos formulados por Gilles Lipovetsky[19], Zygmunt Bauman[20] e Armand Mattelart[21] nas áreas do desenvolvimento da sociedade capitalista de consumo e as decorrências ou valorações dadas à informação, matéria-prima dos algoritmos, transformada em *commodity* e aplicada na geração de valor, principalmente comercial e econômica, que por vezes acirra ou flexiona os papéis de mando ou sujeição, no cumprir ou exigir prestações dentro das diversas relações jurídicas em observação, constituirá caminho inicial que culminará na análise das proposições de Stefano Rodotà e Manuel Domingues de Andrade acerca das relações jurídicas e o atual estágio do direito civil ocidental, que se encontra entre o sujeito, objeto e a pessoa, no chamado Direito Civil Constitucional, que nas palavras de Nelson Rosenvald, assim se encontram no Brasil atual[22]:

_=1540835831_6c6cd6e8cba99228efa17729a8ae129c, acessado em 29 de outubro de 2018.
[19] LIPOVETSKY, Gilles. *A Felicidade paradoxal: ensaio sobre a sociedade de hiperconsumo*. São Paulo: Companhia das Letras, 2007; LIPOVETSKY, Gilles. O Império do efêmero: a moda e seu destino nas sociedades modernas. São Paulo: Companhia das Letras, 1989.
[20] BAUMAN, Zigmunt. *A arte da vida*. Rio de Janeiro: Jorge Zahar Ed., 2009; BAUMAN, Zigmunt. *Capitalismo parasitário e outros temas contemporâneos*. Rio de Janeiro: Zahar Ed., 2010; BAUMAN, Zigmunt. *Globalização: as consequências humanas*. Rio de Janeiro: Jorge Zahar Ed., 1999; BAUMAN, Zigmunt. *Modernidade líquida*. Rio de Janeiro: Jorge Zahar Ed., 2001; BAUMAN, Zigmunt. *Vida para consumo: a transformação das pessoas em mercadoria*. Rio de Janeiro: Jorge Zahar Ed., 2008.
[21] MATTELART, Armand. *A invenção da comunicação*. Lisboa: Instituto Piaget, 1994; MATTELART, Armand. *A globalização da comunicação*. São Paulo: EDUSC, 2002; MATTELART, Armand. *História da sociedade da informação*. São Paulo: Edições Loyola, 2006; MATTELART, Armand. *História das teorias da comunicação*. São Paulo: Edições Loyola, 2014.
[22] ROSENVALD, Nelson. *O Direito Civil em movimento*. Salvador: JusPodivm, 2018, p. 45.

Com o impacto da CF/88, ocorreu a gradual personalização dos institutos clássicos do direito privado, fenômenos também conhecidos com a funcionalização dos institutos patrimoniais às exigências éticas do ordenamento jurídico. Propriedade e contratos receberam nova roupagem, de modo a compatibilizar o livre trânsito na ordem econômica com a proteção e promoção das pessoas envolvidas nesses fatos jurídicos. Mais tarde, deu-se a personalização da família. Com o protagonismo do IBDFAM, revoluciona-se um instituto tradicionalmente voltado a conservação patrimonial do matrimônio e da família legítima, que é rapidamente diluído em vários modelos de entidades familiares, nos quais prevalece a tutela de cada um de seus membros e a promoção de sua autonomia, intimidade e privacidade afetiva.

É neste cenário que a existência de consensos sobre os limites sociais e jurídicos dessas aplicações tecnológicas e a necessidade de definição de novos ou consolidados parâmetros para a defesa e interpretação da teoria da relação jurídica despontam como necessários, uma vez que esta teoria vem sofrendo grandes transformações, em especial pelas proposições de elevação do sujeito abstrato de direitos para a pessoa de direitos de Stefano Rodotà[23], que baseando-se na doutrina da Dignidade da Pessoa humana, propõe "a releitura do Direito Civil, com a passagem de seus princípios fundadores do Código à Constituição"[24], revelando "processo de profunda transformação social, em que a autonomia privada passa a ser remodelada por valores não patrimoniais, de cunho existencial, inseridos na noção de ordem pública. O indivíduo, elemento subjetivo basilar e neutro do Direito Civil codificado, deu lugar, no cenário das relações de Direito Privado, à pessoa humana, para cuja promoção se volta a ordem jurídica como um todo"[25], promovendo, consequentemente, novos estudos e olhares sobre os objetos e sujeitos de direitos em matéria de Direito Civil, isto porque, segundo Nelson Rosenvald, a dignidade da pessoa humana[26]:

---

[23] RODOTÀ, Stefano. *Il diritto di avere diritti*. Itália: Laterza, 2012.
[24] TEPEDINO, Gustavo. O papel atual da doutrina do direito civil entre o sujeito e a pessoa. In. TEPEDINO, Gustavo; TEIXEIRA, Ana Carolina Brochado; ALMEIDA, Vitor (Coords.). *O Direito Civil entre o Sujeito e a Pessoa*. Estudos em Homenagem ao Professor Stefano Rodotà. Belo Horizonte: Fórum, 2016, p. 17.
[25] Idem.
[26] ROSENVALD, Nelson. *O Direito Civil em movimento*. Salvador: JusPodivm, 2018, p. 64.

É uma cláusula geral de proteção e promoção da pessoa humana que atua em dois níveis: a) possui uma eficácia negativa, resguardando-nos de qualquer tentativa de coisificação, seja a agressão proveniente do Estado ou da sociedade, salvaguardando a intrínseca humanidade por todos compartilhada; b) possui uma eficácia positiva, gerando um facere do ordenamento jurídico, orientando a promoção da autonomia patrimonial e existencial de cada ser humano, provendo-nos de condições materiais e legais para reivindicarmos o protagonismo de nossas trajetórias de vida.

Para tanto, na busca por compreender o papel da presença de algoritmos no tratamento, utilização e análise de relações e dados para as mais diferentes finalidades da relação jurídica, pautando-se em que "a combinação de algoritmos cada vez mais avançados"[27], somados à "enxurrada de dados e o poder de computação cada vez mais barato, tornam ainda mais amplamente distribuídos os benefícios (ou malefícios) dos algoritmos, melhorando (ou piorando) o dia-a-dia das pessoas em todas as áreas."[28], passaremos à análise pormenorizada da Relação Jurídica com um breve histórico de seu desenvolvimento e as metamorfoses ocorridas ao longo do tempo.

De início, o conceito de relação jurídica não existiu visivelmente entre os romanos, uma vez que, apesar do instituto ter naquele sistema as suas origens longínquas[29], não houve, durante os anos de vigência do chamado *Direito Romano*, uma diferenciação clara e teórica acerca de direito objetivo e subjetivo[30], como possuímos em dias atuais, fato este que impossibilitou

---

[27] ELIAS, Paulo Sá. *Algoritmos, Inteligência Artificial e o Direito*, p. 5. Disponível em https://www.conjur.com.br/dl/algoritmos-inteligencia-artificial.pdf, acesso em 28 de abril de 2018.
[28] Idem.
[29] "Historicamente, é no Direito Civil (ius civile, dos romanos) que se enfeixaram os primeiros regramentos jurídicos para a condução da vida social. Assumia a condição de direito da cidade (cives), disciplinando as reações entre os cidadãos independentes, como disposições de várias ordens (civis, administrativas, processuais, penais e outras)." In BITTAR, Carlos Alberto. *Teoria Geral do Direito Civil*. Rio de Janeiro: Forense Universitária, 2007, p. 5.
[30] "Convém acentuar que os romanos não reconheceram o direito subjetivo numa concepção ampla e abstrata como ius. A tricotomia ius quod ad personas, ad res et ad actiones pertinet não deve ser considerada como uma classificação de direito subjetivo, mas de direito objetivo. Observa Matteis que o mais antigo ordenamento jurídico pouco considera o direito subjetivo em sua relação concreta com certos bens singulares da vida, como, por exemplo, o poder do pater familias, que, dentro de sua casa tem plena liberdade de proteger segundo a sua vontade. Os romanos não conheceram uma sistemática de direito subjetivo." In NÓBREGA, Vandick L.

a abstração necessária para se abordar um conceito tão complexo quanto o de relação jurídica. Isto porque, a reconhecida definição latina de Justiniano, na abertura das Institutas, pela qual os mandamentos do direito são viver honestamente, não lesando ninguém e dando a cada um o que é seu ("*Honeste vivere, alterum non laedere, suum cuique tribuere*") não traz consigo distinção ou referência a importantes características subjetivas ou objetivas do direito, contudo, não se pode prescindir a análise dessas vertentes para compreender o instituto da relação jurídica como um todo.

Em uma dita teoria geral do direito (civil), encontramos, primeiramente, delineamentos básicos de um ordenamento que tomam o direito sob seu aspecto objetivo, ou o direito como norma de conduta. Nesse sentido, conforme Carlos Alberto Bittar, "a expressão direito provém de *directum* (do verbo *dirigere*), significando aquilo que está conforme a regra"[31], composta por um "complexo de princípios e de regras que disciplinam a conduta humana em sociedade (na Antiguidade, direito como *ius*, de *iustum*, ou reto, conforme à moral, diante da nebulosidade inicial de sua constatação)"[32]. Em segundo lugar, toma-se o direito sob o olhar da existência de várias interações e relações possíveis aos indivíduos organizados em sociedade, em que, novamente, conforme Carlos Alberto Bittar, "algumas interessam ao direito, diante do respectivo relevo. Outras são indiferentes, em razão dos objetivos almejados pela coletividade."[33]. Destas interações extraem-se as relações jurídicas que "são aquelas da vida social que, interessando às finalidades visadas pela coletividade, recebem regulação no plano do direito, para os efeitos próprios. São, mais especificamente, vínculos que se formam entre as pessoas sob a regência do direito, pelos quais se atribui a uma, direito subjetivo (poder) e a outra, dever ou sujeição"[34]. Neste sentido, segundo Thomas Marky[35]:

História e Sistema de Direito Privado Romano. 3ª ed. São Paulo: Freitas Bastos, 1962, p. 109-110.
[31] BITTAR, Carlos A. *Teoria Geral do Direito Civil*. Rio de Janeiro: Forense Universitária, 2007, p. 10.
[32] Idem.
[33] Idem, p. 14.
[34] BITTAR, Carlos A. *Teoria Geral do Direito Civil*. Rio de Janeiro: Forense Universitária, 2007, p. 14.
[35] MARKY, Thomas. *Curso Elementar de Direito Romano*, 8ª ed., São Paulo: Saraiva, 1995, p. 13.

O termo "direito", entre outros, tem dois sentidos técnicos. Significa, primeiramente, a *norma agendi*, a regra jurídica. Assim, falamos de direito romano, de direito civil brasileiro, como complexo de normas. Noutra acepção, a palavra significa a *facultas agendi*, que é o poder de exigir um comportamento alheio. Assim a entendemos quando falamos em "direito à nossa casa", "direito aos filhos", "direito à remuneração de nosso trabalho". No primeiro sentido trata-se do direito objetivo e no segundo, do direito subjetivo.

Assim, o aperfeiçoamento do conceito de relação jurídica e sua consequente elevação a princípio nuclear da ciência jurídica e, logicamente, de todo o Direito Privado, deve-se aos Pandectistas, liderados por Friedrich Karl von Savigny, que no início do século XIX, com à chamada Escola Histórica – em contraposição clara à Escola do Direito Natural –, tinha por objetivo aperfeiçoar e informar o *Direito Romano*, concretizado no *Corpus Iuris*, ainda vigente na Alemanha, por força de sua aplicação prática na vida diária e corriqueira dos indivíduos[36].

Esse contraponto se solidificou, não apenas por uma singela confrontação ideológica de bastidores, mas pela constatação do fracasso do Direito Natural como escola de pensamento jusfilosófico, pois apesar de seus grandes êxitos – principalmente na divisão da ordem temporal (secular) da ordem divina (sacra, na dicotomia entre *civitas dei* e *civitas terrena*) –, ela nunca conseguiu estabelecer certezas objetivas e universais que fossem válidas para toda a humanidade, ou que pudessem sequer resolver problemas concretos do cotidiano dirigidos ao Direito[37].

Dentre todas as mutações propostas pelos Pandectistas, com, frise-se, o intuito de estabelecer uma verdadeira e sólida ciência jurídica, especialmente a que afirmava que o Direito (a fim de atingir seus reais objetivos de pacificação social) deveria deixar de ser tratado apenas e tão somente em função ou sob olhar do sujeito, individualmente considerado – como estava previsto nos códigos latinos jusnaturalistas, para orbitar em torno da relação havida entre seus agentes, subordinado aos seus acertos e instabilidades, na adequação de que o sujeito de direitos constituía e, constitui, apenas um elemento, meio ou artefato pertencente a essa relação complexa[38].

---

[36] CAENEGEM, Raoul Charles von. *Uma Introdução Histórica ao Direito Privado*. São Paulo: Martins Fontes, 2000, p. 200.
[37] Idem, p. 197.
[38] GOMES, Orlando. *Introdução ao Direito Civil*. Rio de Janeiro: Forense, 2001, p. 96-97.

Assim, reportando-se aos conceitos de Savigny, Vicente Ráo nos informa que a relação jurídica foi originariamente concebida como o vínculo ou ligação que o direito estabelece entre pessoa e pessoa, determinando para cada sujeito de direitos um domínio diferente de ação, isto é, há direitos para uma parte e deveres para outra, exteriorizados e exercitáveis através da manifestação de suas vontades[39], dentro das balizas ou limites do direito objetivo, preceito hipotético e abstrato, cuja finalidade principal, se não única, é regulamentar o comportamento humano na sociedade, com a característica precípua ou essencial de possuir força coercitiva que a própria sociedade lhe atribui, isto é, além do mandamento regulamentador da conduta humana (*norma agendi*), estabelecem-se consequências para o caso de transgressão da norma, que conforme os dizeres de Manuel de Andrade[40]:

> ... para que o poder jurídico, facultado ao titular do direito subjectivo, e a correspondente obrigação ou sujeição não sejam palavras vãs, estabelecem-se sanções, ou, mais genèricamente, predispõe a ordem jurídica meios coercitivos adequados, tendentes a que tal poder obtenha quando possível – e até onde for justo – a sua realização efectiva.

Com isto, a Escola Histórica, na busca por criar ou compreender o Direito como uma ciência una, teve o mérito não só de definir, metodologicamente, os princípios fundamentais do sistema civilista, como também o de conceituar o negócio jurídico, as declarações de vontade, os contratos bilaterais, as obrigações no tocante ao dever de prestação e a impossibilidade dessas mesmas, mas também na diferenciação e conceptualização de direito objetivo e direito subjetivo, e, daí decorrente, o conceito nuclear de relação jurídica.

Portanto, com seu surgimento, o conceito de relação jurídica alçou grandes patamares e foi devidamente sistematizado, sendo acolhido, em primeiro lugar, pela parte geral do Código Civil Alemão de 1900 (comumente conhecido como BGB), haja vista que a origem nacional de seu principal defensor (Savigny) era germânica. Tal codificação fora, posteriormente, acolhida por

---

[39] RÁO, Vicente. *O Direito e a Vida dos Direitos*. 5ª ed. São Paulo: Revista dos Tribunais, 1999, p. 775.
[40] ANDRADE, Manuel A. Domingues de. *Teoria da relação jurídica*, Vol. 1, sujeitos e objecto. Coimbra: Livraria Almedina, 2003, p. 6.

várias codificações civis que se seguiram de sua inspiração[41], como o próprio Código Beviláqua, o Código Civil Brasileiro de 1916 – instituído pela Lei 3.071/1916[42], sendo posteriormente adotada também pelo novo Código Civil – instituído pela Lei nº 10.406/2002 e atualmente em vigor[43].

Neste cenário, portanto, o grande enriquecimento doutrinário, ocorrido desde as proposições Pandectistas, acabou por gerar duas percepções teóricas acerca da natureza do conceito de relação jurídica, a Personalista ou Jusnaturalista e a Normativista ou Positivista[44]. Para a primeira concepção, de modo abrangente, a relação jurídica se mostra como o vínculo ou a ligação existente entre duas ou mais pessoas, estabelecidas em razão de um determinado objeto, para o qual a norma ou preceito jurídico, realizando uma qualificação, designação ou denominação, concede poderes a um dos sujeitos, bem como, reciprocamente, impõe deveres para o outro sujeito[45].

Desta forma, segundo os Personalistas, para que se possa falar na essência de uma relação jurídica, é necessária a existência de um vínculo entre dois ou mais indivíduos, ou grupos, proveniente de uma relação social, que é devidamente qualificada pela norma jurídica como apta a produzir consequências jurídicas e sociais, para Manuel de Andrade, autor central em que nos baseamos para a presente obra, o direito subjetivo se confunde ou se funde na Relação Jurídica, haja vista ser sua maior expressão, logo "redunda no fim de contas – em certo sentido – numa teoria geral do direito subjectivo"[46], igual pensamento também encontramos na obra de Carlos Alberto Bittar[47].

---

[41] Referindo-se ao BGB, Franz Wieacker diz que sua entrada no mundo jurídico alemão influenciou o sistema jurídico de diversos outros países, como os da Áustria, Hungria, Suíça, Brasil, Peru, Tailândia, Japão e China. In WIEACKER, Franz. *História do Moderno Direito Privado*. 2ª ed. Lisboa: Fundação Calouste Gulbenkian, 1993, p. 554.

[42] BRASIL, Lei 3.071 de 01 de janeiro de 1916. Art. 1º: "Este Código regula os direitos e obrigações de ordem privada concernentes às pessoas, aos bens e às suas relações.".

[43] Ressaltamos que apesar do atual Código Civil não conter disposição idêntica ou correspondente ao artigo primeiro supracitado do Código de 1916, a relação jurídica está presente na ratio ou âmago de sua estrutura, uma vez transparecendo, principalmente, nas formulações da figura dos negócios jurídicos dos art. 104 a 184 do Código Civil de 2002.

[44] GOMES, Orlando. *Introdução ao Direito Civil*. Rio de Janeiro: Forense, 2001, p. 96-97.

[45] ESPINOLA, Eduardo. *Sistema de Direito Civil Brasileiro*. 4ª ed. Rio de Janeiro: Conquista, 1961, p. 10.

[46] ANDRADE, Manuel A. Domingues de. *Teoria da relação jurídica*, Vol. 1, sujeitos e objecto. Coimbra: Livraria Almedina, 2003, p. 1.

[47] BITTAR, Carlos A. *Teoria Geral do Direito Civil*. Rio de Janeiro: Forense Universitária, 2007,

Ambos os autores, assim, se abstraem das relações jurídicas de direito público, nas várias divisões que este comporta (relação processual, relação penal, relação tributária, etc.), se debruçando apenas nas relações de direito civil, ou de direito privado, ou aquelas em que "de todo não intervém o Estado ou qualquer ente público menor, ou intervém, sim, mas despido da sua veste de soberania (*jus imperii*), por maneira que a relação é tratada pelo Direito – ao menos no essencial – como se nela figurassem apenas simples particulares."[48]. Nas relações e interações tomadas em sociedade, destacam-se poderes reconhecidos a uns e submissões ou dependências a outros, dentro da harmonia entre direito e dever[49]. Logo, em Manuel de Andrade[50] a:

> Relação jurídica – *strictu sensu* – vem a ser a relação de vida social disciplinada pelo Direito, mediante a atribuição a uma pessoa (em sentido jurídico) de uma faculdade ou de um poder e a correspondente imposição a outra pessoa de um dever ou de uma sujeição.

Com isto, algumas relações jurídicas originam-se das relações interpessoais humanas e outras se originam das leis ou normas jurídicas. Mas elas são influenciadas tanto pelas normas, quanto pelas relações sociais, se não mais na atualidade, diante do crescente fluxo de informações e relações propiciadas pelas tecnologias atuais – como os algoritmos. Para tanto, a teoria personalista diz ser aquela relação social anterior ao próprio Direito, entretanto, a teoria Normativista ensina que as normas é que fazem surgir estas relações jurídicas. Conforme aponta Paulo Nader, "as relações jurídicas se formam pela incidência de normas jurídicas em fatos sociais."[51]. Mas nem todos os fatos sociais devem ser considerados fatos jurídicos, isto porque, fato jurídico constitui-se como todo acontecimento, natural ou humano, que gera uma consequência jurídica. Entendendo-se por natural aquilo que independe da ação humana, decorrente de um evento da natureza, como, por exemplo, o nascimento e a morte. E, entendendo-se por

---

p. 14-15.
[48] ANDRADE, Manuel A. Domingues de. *Teoria da relação jurídica*, Vol. 1, sujeitos e objecto. Coimbra: Livraria Almedina, 2003, p. 1.
[49] BITTAR, C. A. op. cit., p. 14.
[50] ANDRADE, M. A. D. de. op. cit., p. 2.
[51] NADER, Paulo. *Introdução ao Estudo do Direito*. 36ª ed. Rio de Janeiro: Forense, 2014, p. 278.

DA RELAÇÃO JURÍDICA

humano o evento cujo efeito jurídico procede fundamentalmente da lei. Com isso, é necessário que exista uma norma jurídica que regulamente, previna e solucione os conflitos que possam existir em uma determinada sociedade ou agrupamento social.

Para tanto, Hans Kelsen demonstrou, em sua obra Teoria Geral do Direito, premente preocupação em encontrar um critério que caracterizasse essa norma jurídica, assim dizendo[52]:

> Se restringirmos nossa investigação do Direito positivo, e se compararmos todas as ordens sociais, do passado e do presente, geralmente chamadas "Direito", descobriremos que elas têm uma característica em comum que nenhuma ordem social de outro tipo apresenta. Essa característica constitui um fato de suprema importância para a vida social e seu estudo científico. E essa característica é o único critério pelo qual podemos distinguir com clareza o Direito de outros fenômenos sociais como a moral e a religião.

"O Critério de Direito" de Kelsen possui, como juízo crítico identificador de uma norma jurídica, a aplicação de uma sanção, ou a ameaça de uma medida de coerção a ser aplicada em caso de conduta contrária[53]. Contudo, não se diz correto analisar uma norma jurídica de forma isolada, é necessário, contudo, que esta norma esteja aplicada a um ordenamento. E para ser considerada uma norma jurídica é fundamental que exista juridicidade em tal norma, ou seja, que ela esteja inserida em um ordenamento jurídico prévio.

Com isso, para Kelsen só há definição e distinção de uma norma jurídica quando se analisa a norma no contexto de seu ordenamento. Logo, o Direito é um produto da elaboração cultural de um grupo social distinto e possui, como fonte primeira, os costumes provenientes das relações sociais ali ocorridas, todavia, como foi necessário o intuito de se positivar tais costumes, faz-se necessário, também, que as relações jurídicas advindas deles sejam influenciadas pelas normas já existentes no ordenamento jurídico do grupo ou agrupamento.

Isto é facilmente observado no tocante à família, principal grupo social de interações e base da sociedade para alguns, que constitui o primeiro grupo no qual o homem é integrado e provado juridicamente. Isto porque, nela, o

---

[52] KELSEN, Hans. *Teoria Geral do Direito e do Estado*. São Paulo: Martins Fontes. 1998, p. 21.
[53] KELSEN, Hans. *Teoria Geral do Direito e do Estado*. São Paulo: Martins Fontes. 1998, p. 22.

indivíduo social já sofre a pressão de diversas normas para sua devida adaptação e desenvolvimento ao e no grupo, tais como normas de boa educação e conduta, normas religiosas e/ou tradicionais, bem como outras estabelecidas pela autoridade familiar. Assim, as diversas normas com as quais o homem vai se deparando, em seu crescimento e vida em sociedade, não possuem a mesma natureza entre elas.

Portanto, como se percebe, a concepção Personalista pressupõe duas condições para que se estabeleça uma relação jurídica: a primeira, de ordem material, que é a relação social e, a segunda, de ordem formal, que é a determinação jurídica que transforma ou decompõe a relação de fato em relação de direito (jurídica propriamente dita). A relação jurídica surge, então, como uma totalidade de efeitos jurídicos, na somatória de direitos e deveres derivados das relações entre as pessoas[54].

Observando esses dois fatores, ainda que indiretamente, Emilio Betti informa que as relações jurídicas têm o seu substrato em relações sociais já anteriormente existentes, e até mesmo estranhas à ordem jurídica: relações que o Direito não cria, mas que encontra a sua frente, antevê e orienta, de acordo com qualificações e valorações normativas[55]. Só a serviço da valoração, da disciplina que lhe dá o direito, as relações sociais e os fatos que as motivam, são elevados à categoria de *fattispecies*[56].

Apesar dessa concepção possuir vantagens óbvias, principalmente o estabelecimento da relação em termos estruturais e formais que não excluem a realidade dos fatos, ela termina por sofrer duras críticas, pois em razão de ter, por base de pressuposição, a existência de duas ou mais pessoas ou sujeitos, bilateralmente envolvidas, a partir de um fato jurídico que a norma reconhece como passível de produzir efeitos, não consegue explicar, suficientemente, alguns fenômenos havidos, tais como as relações unilaterais que apresentam apenas um sujeito ou pessoa (como,

---

[54] AMARAL NETO, Francisco dos Santos. *Direito Civil*. 14ª ed. Rio de Janeiro: Renovar, 2000, p. 161.

[55] BETTI, Emilio. *Teoria Geral do Negócio Jurídico*. Coimbra. Coimbra Editora, 1969, p. 27.

[56] Idem. O referido autor utiliza terminologia do direito italiano que em tradução livre significa instituto jurídico. Do latim facti species, ou caso em questão, que traduz aparência de fato inconteste. É a situação particularmente regulada por uma norma legal, ou parte dela, que descreve as condições que tornam a mesma regra aplicável. Para maior aprofundamento ver ANCORA, Felice. Le Fattispecie quali Componenti della Dinamica dell'ordinamento. Tipi, combinazioni, anomalie. Torino: Giappichelli, 2005.

por exemplo, os direitos reais e os personalíssimos), além das relações de direito público, de uma forma geral.

Em contraposição a essa concepção, a teoria Normativista, como nos informa Domenico Barbero, afirma que a relação jurídica é uma relação havida entre determinados sujeitos e o ordenamento jurídico no qual se encontram, por meio de uma norma jurídica. Para o autor, então, os sujeitos não estão em pé de guerra, ou um contra o outro, nem em grau de hierarquia, ou um acima do outro, mas ambos em estado de colaboração recíproca, face a face, sob o jugo da norma jurídica, que avigora a relação[57].

Assim, essa teoria não nega a existência de contatos recíprocos entre os membros da sociedade, mas outorga a esses relacionamentos apenas e tão somente a condição de meras relações de fato. Com isto, os fatos determinam, simplesmente, uma relação entre as pessoas, que as estabelecem, e o ordenamento jurídico, o qual, levando-as na devida consideração, regulamenta, de certa maneira, a conduta dos sujeitos que se inter-relacionam[58].

No plano dessa teoria Normativista, surge uma nova conformação da relação jurídica, estando o ordenamento de um lado, os sujeitos de outro, tendo como objeto um interesse a que se refere, ou seja, a necessidade ou faculdade de ter, determinado comportamento, oriundo de um fato jurídico, individualizante dos demais, devidamente regulado pela norma[59], conforme Rodrigo Brum[60]:

---

[57] BARBERO, Domenico. *Sistema Del Derecho Privado*. Trad. Santiago Sentis Melendo. Buenos Aires: Ediciones Jurídicas Europa-America, 1967, p. 149.
[58] "Há uma relação jurídica, (...), na hipótese de um contrato de compra e venda em que a obrigação de prestar a coisa está ligada com a obrigação de prestar o preço da venda. Então a relação jurídica estabelece-se entre a norma que obriga o vendedor, ou entre o comprador, ou entre o comprador e o vendedor, melhor: entre a conduta de um, prescrita pela ordem jurídica, e a conduta, também prescrita pela ordem jurídica, do outro." In KELSEN, Hans. *Teoria Pura do Direito*. Trad. João Batista Machado. 6ª ed. São Paulo: Martins Fontes, 1998, p. 187.
[59] GOMES, Orlando. *Introdução ao Direito Civil*. Rio de Janeiro: Forense, 2001, p. 100.
[60] SILVA, Rodrigo Brum. *A importância do conceito de relação jurídica*. Revista Jus Navigandi. Teresina, ano 15, n. 2415, 2010. Disponível em jus.com.br/artigos/14332. Acesso em 9 de setembro de 2018.

Concebida desta forma, seria possível não só se admitir a existência de uma relação jurídica entre duas pessoas, mas também, vencendo as aparentes impossibilidades personalistas, chancelar a existência de relações entre indivíduos e coisas, entre pessoas e determinado lugar ou lugares, e até entre coisas e outras coisas.

Logo, como nos disse Francisco Amaral anteriormente, à teoria Normativista são tecidas acirradas críticas, através dos argumentos de que o Direito disciplina e organiza as relações entre homens na tutela de seus interesses; a relação jurídica supõe um poder jurídico a que se contrapõe correspondente dever, não podendo este se dirigir contra coisas, ou lugares, mas sim contra pessoas; e é inconcebível ter-se um poder de uma pessoa sem a correspondente limitação com as demais[61].

Desta feita, se a concepção Personalista possui tamanhas incongruências, em alguns momentos, falha muito mais a Normativista, pois ao promover a inserção do ordenamento como parte da relação jurídica, a ensejo de preencher eventuais lacunas Personalistas, acabando por entender a própria acepção dada pela norma a determinado fato, como parte da estrutura da relação jurídica, se instala um tumulto entre dois instantes distintos: a relação fática, havida entre os agentes, e os posteriores efeitos derivados pela norma jurídica, ou pelo ordenamento jurídico[62].

Contudo, de outro lado, é necessário ressaltar que a concepção Normativista também ocasiona outro grave problema, na medida em que, ao "promover" o ordenamento jurídico para a qualidade de parte, obriga que as condutas dos sujeitos sejam, literalmente, as já esperadas pela norma, o que termina por acarretar um encerramento do sistema para quaisquer outras relações ou situações que não se refiram, necessária e obrigatoriamente, ao comportamento desejado pela disposição normativa.

Não obstante isso, sendo a relação jurídica uma relação social, ela só ocorre entre pessoas, e não entre pessoas e coisas, ou entre coisas e coisas, visto que, se no seio de uma relação jurídica se pode estabelecer a dependência de uma coisa e a vontade de uma pessoa, como no caso da proprie-

---

[61] AMARAL NETO, Francisco dos Santos. *Direito Civil*. 14ª ed. Rio de Janeiro: Renovar, 2000, p. 162.

[62] MIRANDA, Pontes de. *Tratado de Direito Privado*. Tomo I, 3ª ed. Rio de Janeiro: Borsoi, 1970, p. 117-118.

dade, esta dependência ou interesse, não faz parte da relação, constitui apenas um elemento externo, ausente de sua estrutura. Nos dizeres de Eduardo Espínola[63]:

> A relação jurídica traduz a idéia de um poder, que tem uma pessoa, de ver respeitada a sua vontade e, correspondentemente, a ação ou a abstenção de outra ou outras pessoas que contrariem ou possam contrariar essa vontade. Porque a relação jurídica pode ter por conteúdo a atividade sobre uma coisa, não se segue que o vínculo jurídico se forme entre a pessoa e a coisa, e sim entre duas ou mais pessoas a respeito de uma coisa.

No tocante à questão da propriedade ou dos direitos reais, não há o estabelecimento de uma relação entre o proprietário e uma coisa pela teoria Personalista, mas sim entre aquele e todas as outras pessoas não-proprietárias, em face do objeto, de forma que se impõe, a esse sujeito passivo universal, o dever de cumprir uma prestação de não ingerência naquela coisa, respeitando o poder de disposição do sujeito ativo, é o que Perlingieri diz em sua clássica obra perfis do Direito Civil[64]:

> Se existe um sujeito que é titular de uma situação de propriedade, existe outra parte, não um sujeito determinado, mas a coletividade, que tem o dever de respeitá-la, de não se ingerir. Todavia, para excluir a validade absoluta à concepção que se está examinando, é útil a individualização daquelas hipóteses que se encontrar no ordenamento jurídico positivo, nas quais existe uma relação entre centros de interesses determinados (portanto, relações e situações com estrutura interna), mas o sujeito titular de uma ou ambas as situações não existem ainda. Se a atuação do sujeito não é essencial à existência da situação, significa que pode existir uma relação juridicamente relevante entre dois ou mais centro de interesse sem que ela se traduza necessariamente em uma relação entre sujeitos.

De qualquer forma, acolhendo-se a teoria personalista deve-se destacar, como faz Francisco Amaral[65], alinhando-se ao pensamento de Perlingieri, que ao invés de se considerar a relação jurídica como um vínculo ou

---

[63] ESPINOLA, Eduardo. *Sistema de Direito Civil Brasileiro*. 4ª ed. Rio de Janeiro: Conquista, 1961, p. 19.
[64] PERLINGIERI, Pietro. *Perfis do Direito Civil*. Rio de Janeiro: Renovar, 1999, p. 114-115.
[65] AMARAL NETO, Francisco dos Santos. *Direito Civil*. 14ª ed. Rio de Janeiro: Renovar, 2000, p. 161.

ligação entre sujeitos, ou entre pessoas, aqui compreendidas as físicas e jurídicas, seria mais adequado considerar a relação jurídica como aquela existente entre situações jurídicas, ou entre centros de interesses determinados, suplantando-se o elemento pessoal, não necessariamente presente em todas e quaisquer relações jurídicas. Assim, como se comprova, a relação jurídica, especialmente a de direito privado, pode ser considerada como o vínculo ou a ligação existente entre duas ou mais pessoas, estabelecida em razão de um determinado objeto, para o qual a norma jurídica, realizando uma qualificação ou definição, concede poderes a um dos sujeitos, bem como impõe deveres para outro.

Assim sendo, através dessa concepção, despontam quatro elementos estruturais e fundantes da relação jurídica. O sujeito ativo, titular dos poderes de uma prestação principal, e o sujeito passivo, a quem cumpre realizar o dever consubstanciado numa prestação principal, que são pessoas, titulares de poderes e deveres, recíprocos ou não, tais como: o credor e o devedor, o locador e o locatário, o comprador e o vendedor, e, também, o consumidor e o fornecedor; conforme resume Vicente Ráo[66]:

> Aquilo que, essencialmente, interessa à qualificação das relações jurídicas, é a bilateralidade e a multilateralidade dos poderes e deveres, distribuídos entre sujeitos diversos, quer as prestações, ou ações, ou modos de comportamento devidos sejam recíprocos, quer não sejam, como ocorre nas relações que a uma só das partes obrigam.

Além destes, o objeto, que é o elemento em virtude do qual a relação jurídica se constitui – ou a sua causa fundante, podendo ser uma coisa, uma prestação ou quaisquer valores materiais ou imateriais[67]. E, por último, o vínculo de atributividade, que é a concreção da norma jurídica no âmbito do relacionamento social estabelecido, ou seja, a conexão jurídica ou a ligação que confere a cada uma das partes o poder de pretender algo, determinado ou determinável, em face da outra ou de um terceiro determinado, ou até mesmo oponível perante toda a coletividade. Entretanto, apesar da recepção do conceito pelos códigos civis modernos, e a sua grande propagação, a partir de meados do século XX, ele foi sendo, gradativamente,

---

[66] RÁO, Vicente. *O Direito e a Vida dos Direitos*. 5ª ed. São Paulo: Revista dos Tribunais, 1999, p. 782.
[67] REALE, Miguel. *Lições Preliminares de Direito*. 27ª ed. São Paulo: Saraiva, 2002, p. 222.

desprestigiado como vetor crítico da experiência jurídica, e isso em prol de teorias centradas apenas na norma jurídica ou somente na análise institucional do fenômeno jurídico, fato que levou Pietro Perlingieri a afirmar que[68]:

> Na maioria das vezes, a atenção detém-se nas situações individualmente consideradas, independentemente de suas relações, enquanto que seria necessário não se limitar à análise de cada direito e obrigação, mas, sim, examinar as suas correlações. Não é suficiente aprofundar o poder atribuído a um sujeito se não se compreendem ao mesmo tempo os deveres, as obrigações, os interesses dos outros. Em uma visão conforme os princípios da solidariedade social, o conceito de relação representa a superação da tendência que exaure a construção dos institutos em termos exclusivos de atribuição de direitos.

Entretanto, essa espécie de decadência constatada há algum tempo, inclusive, em terras brasileiras[69], não exclui a relação jurídica como instituto ou um dos critérios, ângulos mais importantes de julgamento e caracterização do fenômeno jurídico, uma vez que partindo das situações fáticas e jurídicas existentes entre as pessoas, ou entre os sujeitos de direito, permite uma melhor absorção e avaliação do que geralmente ocorre em cada caso concreto, para que só então se instale a análise normativa pertinente. Fica claro, também, que tais teorias não se excluem automaticamente, mas podem se integrar de forma útil, pois cada uma coloca em evidência um espectro da experiência jurídica[70], como nos adverte Miguel Reale[71]:

> (...) a norma não será, contudo, integralmente compreendida se reduzida ao seu aspecto formal de proposição lógica (embora possa e deva ser estudada, como vimos no Ensaio III, pela Lógica Jurídica formal), pois ela envolve, necessária e concomitantemente, uma referência tensional aos dados de fato e às exigência axiológicas que lhe deram vida, assim como às implicações fático-axiológicas capazes de lhe alterar o significado.

Portanto, se é necessário ponderar a experiência jurídica sob o ponto de vista da norma jurídica, ou do direito objetivo, também se torna impe-

---

[68] PERLINGIERI, Pietro. *Perfis do Direito Civil*. Rio de Janeiro: Renovar, 1999, p. 113.
[69] GOMES, Orlando. *Introdução ao Direito Civil*. Rio de Janeiro: Forense, 2001, p. 97.
[70] BOBBIO, Norberto. *Teoria da Norma Jurídica*. 2ª ed. São Paulo: Edipro, 2003, p. 44.
[71] REALE, Miguel. *O Direito como Experiência*. 2ª ed. São Paulo: Saraiva, 1999, p. 201.

rativa a sua análise sob o espectro da relação jurídica, ou do direito subjetivo, isso porque esta é a noção que mais se aproxima da realidade fática e praticável, do mundo dos fatos jurídicos, que, sem esquecer-se do improvável legal, imerge na concretude da vida cotidiana para daí extrair seu real sentido[72]. O fato da relação jurídica constituir uma relação especialmente qualificada pela norma, não a desqualifica como uma relação eminentemente social, ou seja, uma relação entre homens, pares, o que equivale a dizer que não há qualquer relação jurídica que não se classifique como relação entre pessoas, como relação entre duas pessoas, ou como relação entre o titular e todas as outras pessoas, que se encontram presentes naquele agrupamento social, o que segundo Carlos Alberto Bittar[73]:

> Prescinde-se, de regra, da vontade de outra pessoa para o exercício de direito subjetivos, uma vez que o reconhecimento pelo ordenamento jurídico lhe imprime higidez e segurança. Mas esse exercício deve conformar-se aos contornos próprios que nele se delimitam, sob pena de sancionamento pelos excessos ou abusos. (...). Nesse sentido, o direito civil cumpre a função de traçar as orientações e as normas próprias para a defesa dos atributos naturais da pessoa humana, em consonância com a longa experiência vivida no correr dos tempos. Procura, assim, alcançar a pessoa natural em suas diferentes posições a vida, desde o nascimento até a morte e, de outro lado, a pessoa jurídica, desde sua formação à extinção. Abarca, assim, o nascimento, a aquisição da personalidade, a menoridade, o alcance da maioridade, a aquisição da capacidade negocial, a constituição de família, os relacionamentos em seu contexto, os negócios privados básicos, as relações com as coisas (bens) disponíveis, a morte e seus efeitos, a sucessão legítima e a testamentária, dentre outras situações de realce no âmbito privado.

Nesse sentido, se a relação jurídica é a ligação que o Direito estabelece entre pessoas, fixando direitos e deveres recíprocos entre elas, é de se constatar que esse vínculo não existe isoladamente, pelo mero pronunciamento da lei, uma vez que, manifestamente, a norma apenas fixa uma ideia hipotética de relação, uma estrutura improvável, abstrata, imaginável e não

---

[72] MIRANDA, Pontes de. *Tratado de Direito Privado*. Tomo I, 3ª ed. Rio de Janeiro: Borsoi, 1970, p. XVI.
[73] BITTAR, Carlos A. *Teoria Geral do Direito Civil*. Rio de Janeiro: Forense Universitária, 2007, p. 15-16.

uma realidade concreta. Logo, com essa constatação, inconfundível para a incidência da norma, de forma a tornar concreta a relação entre os dois sujeitos, é necessário um motivo, razão ou base, representado por um fato ou um ato jurídico, que atuando na modificação da abstração em concretude, conclui por criar uma realidade jurídica pelo menos determinável.

Em outras palavras e exemplificando, para que uma pessoa venha a ser considerada proprietária de algum bem, não basta que haja disposição prevendo e regulando o direito de propriedade no ordenamento jurídico do agrupamento social em questão, é necessário que essa pessoa adquira alguma coisa, que compre, que receba em doação, em herança ou como legado o bem cuja propriedade se discute. Este "comprar, doar, herdar" são os fatos sociais e práticos mediante os quais um determinado diagrama de relação, previsto na norma, se concretiza e se distingue ou caracteriza naquela relação particular e individual[74].

Neste espectro de abordagem, a indagação do fenômeno jurídico, através da relação jurídica possui uma grande vantagem sobre a análise meramente normativa, uma vez que, além de permitir uma melhor visualização da relação à luz do fato social, permitem-se aberturas no sistema, a fim de se apreender ou atingir novas relações, outorgando a elas a devida relevância jurídica, não só quando se trata dos sujeitos, mas também quanto aos objetos, pois leva-se em consideração a situação concreta dos sujeitos e do objeto na relação jurídica, e não uma mera abstração destes, isto é, o "Direito promove a privação pela eliminação"[75], como já disse Luiz Edson Fachin:[76]

> ... o que não está no conteúdo deixa de consistir em objeto possível da demarcação normativa. Em consequência disso, há uma completa ausência de referenciais quanto à sociedade e à cultura, ocasionando a ereção das definições para o plano de fronteiras do saber, o que acaba excluindo diversas nuances de outras relações, pois não as reconhece em seu corpo normativo.

---

[74] BARBERO, Domenico. *Sistema Del Derecho Privado*. Trad. Santiago Sentis Melendo. Buenos Aires: Ediciones Jurídicas Europa-America, 1967, p. 152.
[75] FACHIN, Luiz Edson. *Teoria Crítica do Direito Civil*. Rio de Janeiro: Renovar, 2000, p. 22.
[76] Idem.

Como podemos observar, há nítida e grandiosa importância no estudo do instituto da relação jurídica dentro do Direito Privado, "Ihering chegou a dizer que a relação jurídica está para a Ciência do Direito como o alfabeto está para a palavra"[77], pois esta traduz a regulamentação jurídica (aspecto formal) do comportamento dos sujeitos (aspecto material) no seu cotidiano, na disciplina de seus desejos, interesses e pretensões, estabelecendo situações ativas (direitos e/ou poderes) e situações passivas (deveres e/ou obrigações), decorrentes da autonomia e da iniciativa individual desses mesmos atores – protagonistas de fatos sociais –, sem a qual a relação jurídica não existe em concreto, permanecendo apenas como uma hipótese abstrata[78], se não mais, no tocante às relações estabelecidas diretamente, ou intermediadas por algoritmos, que firmam e realizam trocas, vendas e declarações de vontades em meios digitais, local em que estão em ebulição os fatos sociais de nossos dias e, consequentemente, de todas as relações jurídicas. Contudo, o que neste momento merece verdadeira indagação, no encontro entre algoritmos e relações jurídico-sociais, é questionarmos como chegamos neste cenário.

1.2 A Sociedade de Hiperconsumo e a Massificação das Relações Jurídicas na Sociedade da Informação

Anthony Giddens começa sua explicação sobre o mundo moderno com a metáfora de um determinado passeio ao supermercado[79]. A inusitada ilustração denota perfeita ideia contemporizada com os dias atuais para que sejam entendidos os múltiplos significados e implicações da globalização e sua sociedade de consumo decorrente.

Quando, se passeia em um supermercado, a cada prateleira percebe-se em exposição um pequeno pedaço do mundo. Em um canto superior podem ser comprados chás produzidos na Índia, e em outro mais a baixo são encontradas salsichas produzidas na Alemanha. Caminhando-se um pouco mais, podem ser encontrados diversos produtos chineses a europeus, como também frutas tipicamente brasileiras e cortes de carnes argentinas. Ora, este singelo passeio nos permite inferir uma das características mar-

---

[77] REALE, Miguel. *Lições Preliminares de Direito*. 27ª ed. São Paulo: Saraiva, 2002, p. 213.
[78] AMARAL NETO, Francisco dos Santos. *Direito Civil*. 14ª ed. Rio de Janeiro: Renovar, 2000, p. 163.
[79] *passim* GIDDENS, Anthony. *Sociologia*. Porto Alegre: Artmed, 2005.

cantes da modernidade e que terminam por ser uma das principais tônicas de toda e qualquer tentativa de se compreender o estado do mundo ocidental atual: a globalização[80].

A chamada globalização é considerada um fenômeno invisível que inter-relaciona os indivíduos com o mundo à sua volta, gerando pontos convergentes nas esferas econômica, social, cultural e política, onde a partir daí, tem-se a interligação do dito mundo ocidental. Esse fenômeno, carregado de dinamismo ao redor da sociedade mundial, torna-se evidente, de acordo com Christoph Wulf, pelo concurso incontrolado de diferentes elementos, notadamente, aqui, a partir da observação de cinco grandes elementos diferenciais de relevância[81]:

(i) a globalização de mercados financeiros e de capitais internacionais determinados por forças e movimentos independentes dos processos econômicos reais. Estes são acompanhados pelo desaparecimento das fronteiras comerciais, pelo aumento da mobilidade dos capitais e pelo ganho de influência da teoria econômica neoliberal.

(ii) a globalização das estratégias das empresas e dos mercados, que são estratégias mundiais de produção, de distribuição e de redução dos custos por deslocalização.

(iii) a globalização da pesquisa e do desenvolvimento tecnológico, acompanhada pela elaboração de redes mundiais, de novas tecnologias da informação e de comunicação.

(iv) a globalização de estruturas políticas transnacionais e a perda de influência por parte dos estados-nações, o desenvolvimento de organizações e estruturas internacionais, assim como o crescimento da importância das ONGs.

(v) a globalização de modelos de consumo, estilos de vida e estilos culturais, que conhecem uma tendência à uniformização. O aumento da influência das novas mídias e do turismo, assim como a globalização dos modos de percepção e de estruturas de consciência, a modelagem de individualidades e de comunidades engendradas pelos efeitos da globalização, tanto quanto o aparecimento de uma modalidade pertencente a um só e mesmo mundo.

Sobre o fenômeno denominado globalização, Rômulo de Andrade Moreira sustenta um modo de compreender os relacionamentos que se

[80] Globalização é o termo utilizado para referir-se "àqueles processos que estão intensificando as relações a interdependência sociais globais". GIDDENS, Anthony. Op. cit., p. 61.
[81] WULF, Christoph. "Globalização universalizante ou diferenciada?". In: BARRET-DUCROCQ, Françoise (org). *Globalização para quem?* Uma discussão sobre os rumos da globalização. Trad.: Joana Angélica D'Avila Melo, São Paulo: ed. Futura, 2004, pp. 233-235.

internacionalizam entre as pessoas ao redor do planeta. De acordo com o referido autor[82]:

> A globalização traduz uma idéia de internacionalização nas relações entre os povos, um inter-relacionamento entre os Estados nacionais de modo que identificamos, ao lado destas micro-realidades, uma só região, um só mundo, ou, como dizem muitos, uma verdadeira aldeia global. Esta única e internacional realidade se reflete inexoravelmente na economia, na política, nos negócios, no direito, etc..

A reflexão dessa questão nas áreas econômica e política representam um fator decorrente do sistema capitalista, com base nos pensamentos de caráter neoliberal, cujas características do mercado internacional e a competitividade do sistema são cada vez mais observadas e desenvolvidas. Desse cenário, surgem impactos da globalização que, em certa medida, aprimoraram as relações de natureza econômico-social, tornando-as efetivas entre as pessoas. Entre elas, o surgimento e a abertura de novos mercados de consumo, a redução de custos de caráter trabalhista e a diminuição na atuação do Estado como agente regulador das relações sociais de trabalho e consumo.

Incontáveis são os pesquisadores que se esforçam para descrever o fenômeno da globalização, seus impactos e suas facetas. Renato Baumann apresenta algumas dificuldades para definir o processo de globalização, e, paulatinamente, a capacidade de compreender alguns de seus efeitos desponta[83]:

> Em que pesem as dificuldades conceituais, o conhecimento do processo de globalização, suas características e possíveis efeitos torna-se crescentemente necessário, tanto porque esse processo é expansivo por natureza, quanto porque não existem indícios aparentes da sua eventual reversão.

O referido autor é seguido por Octavio Ianni que, ao refletir sobre a sociedade global, traça as concepções quantitativas e qualitativas a serem

---

[82] MOREIRA, Rômulo de Andrade. *Globalização e crime*. In: Globalização e direito. Rio de Janeiro: Forense. 2002, p. 268.
[83] BAUMANN, Renato (org). *Uma visão econômica da globalização*. In: O Brasil e a economia global. Rio de Janeiro: SOBEET: Campus: 1996. p. 37.

percebidas, alertando para a carência de interpretações que envolvem a maior parte dos aspectos caracterizadores do fenômeno globalização[84]:

> Ocorre que a sociedade global não é mera extensão quantitativa e qualitativa da sociedade nacional. Ainda que esta continue a ser básica, evidente e indispensável, manifestando-se inclusive no âmbito internacional, é inegável que a sociedade global se constitui como uma realidade original, desconhecida, carente de interpretações.

Ainda, Baumann comenta sobre o avanço da globalização ao longo do tempo sem apresentar pontos capazes de reduzir seus reflexos nas sociedades ocidentais no tocante às culturas, ideologias e economias. O autor apresenta essa ideia da seguinte maneira[85]:

> Uma das peculiaridades que distinguem o processo de globalização de toda experiência anterior é que, como conseqüência de sua forma e intensidade, seus efeitos são mais intensos e se superpõem aos anteriores, além de que – à diferença, por exemplo, da regionalização, em que aspectos políticos ou de outra índole podem levar ao fracasso de um processo – por sua própria natureza, sua tendência é de constante ampliação, afetando, embora de forma variada, a todos os países.

Tais eventos, inauguradores de novas tecnologias, permitiram que se cunhasse o ideário e a expressão "Sociedade da Informação". Trata-se de concepção social voltada para a relevância e preponderância da informação surgida em 1969, com base na criação, nos Estados Unidos da América, da chamada *Arpanet (Advanced Research Projects Agency)*[86], cujo resultado ensejou o nascimento de um modelo sistemático de redes interligadas denominado Internet (*Inter Networking*)[87] que, ao final do século XX e início do presente século, tornou-se um dos meios de comunicação, negociação e interação mais evidentes na vida das pessoas, com efeitos perceptíveis cotidianamente.

---

[84] IANNI, Octávio. *Teorias da globalização*. 3.ed. Rio de Janeiro: Civilização Brasileira, 1996. p. 190.
[85] BAUMANN, Renato (org). *Uma visão econômica da globalização*. In: O Brasil e a economia global. Rio de Janeiro: SOBEET Campus, 1996. p. 37 - 38.
[86] PAESANI, Liliana Minardi. *Direito e Internet*: liberdade de informação, privacidade e responsabilidade civil. 6ª ed. São Paulo: Atlas, 2013, p. 10.
[87] Idem.

Contudo, a sociedade da informação possui muitas concepções, sendo as que mais se destacam como aquelas que enfatizam a relevância da informação e o papel das tecnologias na sociedade em que se insere, aqui incluídos os algoritmos. Takeo Takashi apresenta algumas concepções acerca desse fenômeno da seguinte forma[88]:

> A sociedade da informação não é um modismo. Representa uma profunda mudança na organização da sociedade e da economia, havendo quem a considere um novo paradigma técnico-econômico. É um fenômeno global, com elevado potencial transformador das atividades sociais e econômicas, uma vez que a estrutura e a dinâmica dessas atividades inevitavelmente serão, em alguma medida, afetadas pela infra-estrutura de informações disponível. É também acentuada sua dimensão político-econômica, decorrente da contribuição da infra-estrutura de informações para que as regiões sejam mais ou menos atraentes em relação aos negócios e empreendimentos. Sua importância assemelha-se à de uma boa estrada de rodagem para o sucesso econômico das localidades. Tem ainda marcante dimensão social, em virtude do seu elevado potencial de promover a integração, ao reduzir as distâncias entre pessoas e aumentar o seu nível de informação.

Diante disso, a expressão sociedade da informação passou a ser popularizada durante a década de 1980, período em que as primeiras manifestações que objetivavam a implementação dessa concepção, ocorreram por meio de ações cujos expoentes foram atuantes perante o Centro Europeu de Investigação Nuclear, viabilizando a inclusão digital e a integração dos seres humanos através da internet. De igual forma, no Brasil, o pensamento voltado à sociedade da informação teve como evento propulsor, através do Ministério da Ciência e Tecnologia em 1997, na confecção e elaboração do denominado Livro Verde da Sociedade da Informação. Entre as diretrizes principais dessa obra constam a implantação e a facilitação de acesso à interação por meio eletrônico.

Além disso, o sentido de sociedade da informação, para Takahashi, traz em seu cerne a possibilidade de um estudo da expressão sob várias perspectivas, assim[89]:

---

[88] TAKAHASHI, Takeo. *Sociedade da informação no Brasil*: livro verde. Org. Tadao Takahashi. Brasília: Ministério da Ciência e Tecnologia, 2000, p. 31.

[89] TAKAHASHI, Takeo. *Sociedade da informação no Brasil*: livro verde. Org. Tadao Takahashi. Brasília: Ministério da Ciência e Tecnologia, 2000, p. 31.

O conceito de Sociedade da Informação surgiu nos trabalhos de Alain Touraine (1969) e Daniel Bell (1973) sobre as influências dos avanços tecnológicos nas relações de poder, identificando a informação como ponto central da sociedade contemporânea. A definição de Sociedade da Informação deve ser considerada tomando diferentes perspectivas.

Nesse sentido, mesmo possuindo um conteúdo sociológico, os termos sociedade da informação têm seus reflexos na seara do Direito e, por conseguinte, na vida dos indivíduos. Como já pontuamos, seguindo os dizeres de Tepedino, "todo fato social interessa ao Direito, já que potencialmente interfere na convivência social e, portanto, ingressa no espectro de incidência do ordenamento jurídico."[90]. Logo, a globalização, a sociedade da informação e o Direito se conectam em inúmeros pontos convergentes que podem ser amplamente analisados. Entre eles, mencionam-se o surgimento das tecnologias e as práticas transmissoras de informação que os algoritmos difundem e o consumo que geram ou fomentam, objeto indireto de estudo na presente obra.

Apropriada é, então, a transcrição da passagem da obra de Boaventura Souza Santos ao traduzir a ideia apresentada a respeito da conexão desses pontos, da seguinte forma[91]:

> Trata-se de um processo complexo que atravessa as mais diversas áreas da vida social, da globalização dos sistemas produtivos e financeiros à revolução nas tecnologias e práticas de informação e comunicação, da erosão do Estado nacional e redescoberta da sociedade civil ao aumento exponencial das desigualdades sociais, das grandes movimentações transfronteiriças de pessoas como emigrantes, turistas ou refugiados, ao protagonismo das empresas multinacionais e das instituições financeiras multilaterais, das novas práticas culturais e identitárias aos estilos de consumo globalizado.

Em razão disso, por meio do desenvolvimento das estruturas tecnológicas, cada vez mais, aprimoraram-se os meios de informação e comunicação de dados, com destaque para a telefonia móvel e o uso da internet em larga escala, com fortes impactos no desenvolvimento tecnológico. Ressalvam Cooper, Green Murtagh e Harper[92]:

---

[90] op. cit., p. 22.
[91] SANTOS, Boaventura de Sousa. *A globalização e as ciências sociais*. São Paulo: Cortez, 2011. p.12
[92] Tradução livre de: When we think about the empirical phenomena of mobile phone/device

(...) quando pensamos no impacto empírico do fenômeno dos celulares/aparelhos móveis na vida cotidiana, nós descobrimos que a sociologia e a filosofia contêm termos que parecem apropriados, mas que têm ou tiveram algumas conotações diferentes: por exemplo, mobilidade social, a problematização da distinção entre público/privado, a transformação estrutural da esfera pública, a metafísica da presença, o fonocentrismo, e, claro, a mobilidade imutável.

Logo, a sociedade contemporânea atravessa uma verdadeira revolução digital e nela estão dissolvidas as fronteiras entre telecomunicações, meios de comunicação de massas e informática. O uso da informação, portanto, gera conhecimento e riqueza e isso se deve ao surgimento de complexas redes profissionais e tecnológicas voltadas à produção e ao uso desta informação, que alcança ainda sua distribuição através do mercado, bem como as formas de utilização desse bem, principal marca do novo clico histórico da sociedade da informação e matéria-prima de todo e qualquer algoritmo. Para Irineu Francisco Barreto Junior, num mesmo sentido das mudanças comportamentais das pessoas em razão do avanço das tecnologias, o "informacionalismo" e o valor econômico da informação demonstram um dos aspectos de alteração da vida dos indivíduos, assim discorrendo[93]:

> O advento do Informacionalismo é, indubitavelmente, a principal marca econômica da sociedade em rede. Reorganiza a produção de riqueza no sistema econômico, no qual há uma gradativa valoração da informação como mercadoria e fator de geração de valor econômico, o que torna a *National Association of Securities Dealers Automated Quotations* (Nasdaq), bolsa de valores das empresas tecnológicas, tão estratégica, em termos

---

use in everyday life, we find that sociology and philosophy contain a number of terms which seem apt, but have or have had somewhat different referents: for example, social mobility, the problematizing of the public/private distinction, the structural transformation of the public sphere, the metaphysics of presence, phonocentrism, and, of course, the immutable mobile. COOPER, G., GREEN, N., MURTAGH, G.M., HARPER, R., *Mobile Society?* Technology, distance, and presence., in WOOLGAR, S., Virtual Society. Oxford, Oxford Press, 2002, p. 288.

[93] BARRETO JUNIOR, Irineu Francisco. *Proteção da Privacidade e de Dados Pessoais na Internet*: O Marco Civil da rede examinado com fundamento nas teorias de Zygmunt Bauman e Manuel Castells. In: DE LUCCA, Newton; SIMÃO FILHO; Adalberto; DE LIMA; Cintia Rosa Pereira. (Org.). *Direito & Internet III*: Marco Civil da Internet. São Paulo: Quartier Latin, 2015, v. 2, p. 100-127 p. 410.

de organização econômica, quanto a tradicional *New York Stock Exchange*, denominada bolsa de *Wall Street*. As megacorporações informativas (Google, Facebook e Yahoo, entre outras) acumulam vestígios de informações sobre os usuários da Internet, tais como seus padrões de navegação, compras realizadas on-line, preferências culturais, religiosas e ideológicas, websites de interesse, verbetes e expressões pesquisadas nos websites de busca, entre outras, "impressões digitais eletrônicas" que servem para estabelecer uma categorização minuciosa de cada usuário na rede. (...). Circunscreve-se no fato de que há inúmeros usos para esses perfis eletrônicos, tal como direcionamento de publicidade on-line, oferta de mercadorias relacionadas ao perfil do consumidor, além de montar cadastros de valor incomensurável sobre os cidadãos da sociedade em rede.

O entendimento no sentido de que as Ciências Sociais, incluindo-se aqui o Direito, devem compreender que o conceito de sociedade, bem como o de cultura, linguagem e identidade estão perdendo sua força linear e unificadora e que o agrupamento social não se dá pelas unidades ou sistemas bem delimitados de igualdades metafóricas, ao contrário: as diferenças que têm atravessado fronteiras nacionais integrando e conectando comunidades e organizações em novas combinações de espaço-tempo, promovidas pela sociedade da informação, terminam por demonstrar que nenhuma "sociedade", "cultura" ou "identidade" é substancialmente única, gênica ou essencial sob outras.

A História evidencia esse novo período. Dele, pode-se compreendê-lo como uma nova revolução, mas não ao estilo daquelas que ocorreram na França de 1789 a 1799 ou até mesmo a Russa de 1917, e demais outras de cunho político ideológico, sob a ótica Ocidental. Porque aqui tratamos de um evento conflitante de ideias que não mais se traduz em uma bipolaridade geopolítica ou econômica entre os bons e os maus, entre verdades e erros, porém, reveladora de que tudo que nos cerca é ilusório, não existindo verdade absoluta nem erros[94]. O período das revoluções comunistas tinha como meta a busca do bem comum, cujos ideais visavam a algo de bem a todos, contrastando enfaticamente com o que o movimento dito capitalista representava: algo mal e egoisticamente diri-

---

[94] *passim* LUHMANN, Niklas. El programa de conocimiento Del constructivismo y la realidad que permanece desconocida, en teoria de los sistemas sociales II. Universidad Iberoamericana, 1999.

gido ao bem de um ou de poucos. No entanto, isso não prevaleceu dada à dominação do mercado. Até porque, conforme Armand Mattelart[95]:

> A última grande fé integradora que foi o comunismo sucumbe ao fracionamento. Ele não atingiu seu primeiro objetivo: "fazer o humanismo e o internacionalismo se juntarem" (Brzezinski, 1971, p. 236). Os problemas fundamentais com que o gênero humano se enfrenta são os da sobrevivência: é, pois, natural ver as preocupações ideológicas se apagarem diante das preocupações ecológicas.

Já, para a denominada "pós-modernidade"[96], o ambiente traduz certa inverdade: não existem dualidades afins, entre o bem e o mal, porque não há uma razão de ser das coisas, podendo essa verdade ser dissolvida sem gerar ausência para o ser humano. Em contrapartida, um dos principais objetivos da pós-modernidade é focar-se na condição do próprio homem ao invés da sociedade, que apenas e tão somente sofreria uma mudança a partir das

---

[95] MATTELART, Armand. *História da sociedade da informação*. São Paulo: Edições Loyola, 2006, p. 98.

[96] O conceito de pós-modernidade é um dos conceitos sociológicos mais discutidos em toda a área da Sociologia. Há até mesmo quem o negue veementemente. Nos limites deste trabalho importa esclarecer que é adotado o conceito de pós-modernismo de David Harvey, que esclarece "(...) o pós-modernismo, com sua ênfase na efemeridade da jouissance, sua insistência na impenetrabilidade do outro, sua concentração antes no texto do que na obra, sua inclinação pela desconstrução que beira o niilismo, sua preferência pela estética, em vez da ética, leva as coisas longe demais. Ele as conduz para além do ponto em que acaba a política coerente, enquanto a corrente que busca uma acomodação pacífica com o mercado o envereda firmemente pelo caminho de uma cultura empreendimentista que é o marco do neoconservadorismo reacionário. Os filósofos pós-modernos nos dizem que não apenas aceitemos, mas até nos entreguemos às fragmentações e à cacofonia de vozes por meio das quais os dilemas do mundo moderno são compreendidos." HARVEY, David. Condição pós--moderna. São Paulo: Edições Loyola, 1998. p. 111-112. Já no campo da ciência do Direito, destacamos a posição desenvolvida por Eduardo Carlos Bittar ao buscar os paradigmas da pós-modernidade. Após destacar que a pós-modernidade é conceito que se choca com a modernidade em alguns setores, pois estamos em fase ainda de transição, afirma Bittar, com base em Harvey, "a vinda do pluralismo, inaugurado na pós-modernidade, é saudada por uns com muito otimismo, e, por outros, com muito pessimismo. Em lugar do uno, o diviso; em lugar do total, o fragmentário; em lugar do certo, o indeterminado; em lugar do universal, o local; em lugar do despersonificado, o personalíssimo". BITTAR, Eduardo C. B. O direito na pós-modernidade (e reflexões frankfurtianas). 2. ed. atual. e ampl. Rio de Janeiro: Forense Universitária, 2009. p. 167.

mudanças sentidas ou sofridas pelo homem. A proposta igualitária e fraternal que antes existia apenas no ideário socialista/comunista foi suplantada e aperfeiçoada pelo regime capitalista liberal ao embasar seus propósitos nas mudanças da sociedade sem promover alterações no comportamento dos indivíduos.

Nesse sentido, a pós-modernidade age com vistas a mudar os indivíduos para promover consequências na ordem social. Uma das primeiras movimentações desse momento histórico consistiu numa revolução cultural que viabilizaria uma possível "tomada de poder". A partir de concepções tais, como tudo o que estivesse "presente" ao redor do homem seria relativo, ilusório, desprovido de ideologias e ideais absolutas, esse novo período histórico privilegia a construção de um padrão de pensar de caráter imediato no ser humano, isto é, volta-se para o momento atual, com preocupações dirigidas tão somente para o presente e não projetadas com o futuro. É a razão pelas quais o imediatismo e o personalismo das redes sociais são muito atraentes e largamente difundidos nos dias de hoje, características que também podemos encontrar nas funções e padrões dos algoritmos afins.

A pós-modernidade inclina-se a traduzir uma tendência universal, porém, mais do que isso, é fruto de uma visão que se proclama universal ou total. Segundo Pierre Weil, um dos expoentes da gnose e do pacifismo pós-moderno, a "abordagem holística tem a finalidade de reagrupar os elementos espalhados ou afastados do todo, ou consertar os efeitos catastróficos dos limites criados por e no espírito dos 'seres humanos' para Pierre Weil. Em nome da paz, se faz a guerra, em nome da desigualdade combatem os orgulhosos, em nome do amor, criticam os que se mostram insensíveis,...[97]".

Alguns exemplos que podem ser apresentados estão nas questões envolvendo os Estados Unidos da América, a Rússia, a Coréia do Norte e demais Estados Soberanos constantemente envolvidos em sensíveis tensões que trazem à tona, mais uma vez, a possibilidade de grandes guerras (inclusive com o uso de armas nucleares). Além disso, há os fatos decorrentes das doenças incuráveis que se proliferam, os eventos catastróficos da natureza que provocam grandes perdas humanas, os quais somados aos elementos doutrinários advindos da visão antropocêntrica da pós-moder-

---

[97] WEIL, Pierre. *A nova ética*. Rio de Janeiro: Editora Rosa dos Tempos, 1993.

nidade formam uma denominada "moral da morte". E é essa moral um fator que induz, cada vez mais, aos indivíduos buscarem o desejo de viver ao máximo o presente como se não houvesse um amanhã certo ou possível, como poderemos ver a seguir, no pensamento convergente entre Zygmunt Bauman e Gilles Lipovetsky na busca de uma felicidade líquida e paradoxal.

Aliado a esse pensamento, Marco Antônio Barbosa sustenta que a modernidade trouxe consigo o surgimento de um decisivo ser ou sujeito totalmente individualizado. Segundo ele, "a identidade passa a ser percebida como formada na 'interação' entre o eu e a sociedade."[98], desde o Humanismo renascentista do século XVI ao Iluminismo do século XVIII. Perpassando pela sociedade pseudoteocrática europeia à Reforma Protestante até os "novos movimentos sociais", grandes transformações ocorreram na cosmovisão do indivíduo, de sua identidade perante a sociedade e do que constitui para ele cultura ou identidade cultural.

Os movimentos de 1968, como o feminismo, contribuíram para a modificação dos ideários da identidade do sujeito. Num primeiro momento, o sujeito era considerado estável, sólido, autônomo, autossuficiente e agente da história – o chamado sujeito cartesiano e, que, num segundo momento, fora desdobrado e deslocado em função de certo papel ativo nas manifestações sociais e culturais frente à sociedade.

A influência dessa sociedade, em suas próprias manifestações, em função de certo papel passivo do indivíduo – o chamado sujeito sociológico, que, atualmente, passa por um efeito desconstrutivo e descentrado, evidencia tese contrária a real e una globalização. Em consequência, tem-se o chamado sujeito "pós-moderno", marcado por identidades abertas, contraditórias, inacabadas e fragmentadas. Claras são as tendências ocidentalizadas, "impostas" aos indivíduos pela internet e o mercado, mas a proliferação de perfis digitais e de locais de interação e comunicação social, amplamente influenciados pelos agrupamentos sociais, nos quais têm sua base, evidenciam um certo regionalismo "globalmente desenvolvido" ou desdobrado, que Frédéric Martel assim teoriza[99]:

---

[98] BARBOSA, Marco Antonio. Pós-Modernidade: *A identidade – real ou virtual?* Revista Direitos Culturais, Rio Grande do Sul, v.5: páginas 72-92, 2010, p. 77.
[99] MARTEL, Frédéric. *Smart*: o que você não sabe sobre a internet. Rio de janeiro: Civilização Brasileira, 2015, p. 38-39.

A promessa dos gigantes do digital que anunciam um mundo inteiramente globalizado e desmaterializado, no qual os lugares seriam intercambiáveis, as línguas e as relações humanas se transformariam em decorrência das conexões generalizadas, não se confirma em casa – em São Francisco – exatamente como não se confirma no resto do mundo. Todas as internets são diferentes, e a internet californiana mais ainda que as outras. Ela pode ser "o" modelo, mas nem por isso deixa de ser única e dificilmente imitável. Os ingredientes que fazem o Vale do Silício lhe são próprios: as interseções entre os mundos da pesquisa, das finanças e do empreendedorismo, sua porosidade e sua permeabilidade; a diversidade lingüística e específica da Califórnia; a fé na iniciativa pessoal, o evangelho da empresa e a tolerância com o fracasso; determinada ética protestante do trabalho e do capitalismo; uma relação com a riqueza que oscila entre a filantropia e a cupidez; o sonho de uma utopia digital; o otimismo; a massa crítica e a *scalability*; um jeito muito particular de ao mesmo tempo viver na comunidade e cultivar sua diferença; o *secret sauce* de Stanford; a contracultura de São Francisco – todos esses elementos não são facilmente suscetíveis de reprodução em outros lugares.

Nesse sentido, a era dos perfis digitais e a prevalência dos algoritmos trazem consigo o ideário de "globalizações" desenvolvidas na chamada globalização, inclusive contestando a ideia de uma única rede de comunicação, povo e cultura como a Internet. Contrariamente, afirmam ser reais "internets" regionais que formam o todo, novamente, alinhando-se com o pensamento de Frédéric Martel[100]: "... Começo a pensar que essa cultura da dissonância e do *dissent* está muito distante dos outros modelos de internet, como o da China, baseado na harmonia e no *consent*, e os da Rússia ou do Irã, marcados pelo nacionalismo e o controle.", razão pela qual alguns algoritmos são mais utilizados em determinados locais, em detrimento de outros, como veremos em capítulos seguintes.

Dessa forma, é possível perceber por que dados influenciadores digitais de determinado agrupamento social possam verdadeiramente exercer influência, ou senão, poder sobre os indivíduos de determinada "internet" e alterar ou participar da decisão de consumo daqueles que ali se comunicam e se relacionam, porque partilham e difundem informação. Conforme Anthony Giddens[101]:

---

[100] MARTEL, Frédéric. *Smart*: o que você não sabe sobre a internet. Rio de Janeiro: Civilização Brasileira, 2015, p. 20.
[101] GIDDENS, Anthony. *As conseqüências da modernidade*. São Paulo: UNESP, 1991, pp. 60-61.

A globalização pode assim ser definida como a intensificação das relações sociais em escala mundial, que ligam localidades distantes de tal maneira que acontecimentos locais são modelados por eventos ocorrendo a muitas milhas de distância e vice-versa. Este é um processo dialético porque tais acontecimentos locais podem se deslocar numa direção anversa às relações muito distanciadas que os modelam. A transformação local é tanto uma parte da globalização quanto a extensão lateral das conexões sociais através do tempo e espaço. Assim, quem quer que estude as cidades hoje em dia, em qualquer parte do mundo, está ciente de que o que ocorre numa vizinhança local tende a ser influenciado por fatores – tais como dinheiro mundial e mercados de bens – operando a uma distância indefinida da vizinhança em questão.

Na mesma linha, nos dizeres de Octavio Ianni[102]:

O paradigma clássico das ciências sociais foi constituído e continua a desenvolver-se com base na reflexão sobre as formas e os movimentos da sociedade nacional. Mas a sociedade nacional está sendo recoberta, assimilada ou subsumida pela sociedade global, uma realidade que não está ainda suficientemente reconhecida e codificada. A sociedade global apresenta desafios empíricos e metodológicos, ou históricos e teórico, que exigem novos conceitos, outras categorias, diferentes interpretações.

Por esta razão, subsistem e, porque não, ressurgem constantemente os nacionalismos, os fundamentalismos, os regionalismos, os provincianismos e os etnicismos, identidades diversas dos inúmeros quadrantes do globo, isto é, indivíduos, grupos, classes, culturas, línguas, religiões, moedas, formas de vida, trabalho e interação continuam nacionais, com toda sua força histórico-inicial, fundante ou instituidora. Não se pode olvidar que há preexistência do ser humano sobre a sociedade e a tecnologia. Elas são e, por que não, serão, espelhos ou decorrências de suas ações e desdobramentos em convívio social.

Não é à toa, portanto, que se vive a chamada Era da Informação. Afinal, muitos dos conceitos e das tecnologias explicados até aqui proporcionam a criação e o compartilhamento de um volume de informação na casa de três quintilhões de bytes, de acordo com dados da IBM, sendo que aproximadamente 90% das informações foram produzidas nos últimos dois anos (2015). Assim, nada é mais significativo do que constatar que a rede

[102] IANNI, Octavio. *Teorias da globalização*. Rio de Janeiro: Civilização Brasileira, 2013, p. 237.

mundial de computadores, em verdade, tornou-se uma rede de pessoas e seus interesses.

Ocorre que, tais pessoas, terminam por compartilhar, trocar e vender dados pessoais através das mais diversas plataformas e redes sociais, o que revoluciona completamente o mercado de propaganda, marketing e oferta de mercadorias numa economia global. Conforme o relatório do Fórum Econômico Mundial de 2011 elencou, "Os dados pessoais serão o novo 'petróleo' – um recurso valioso do Século XXI. Ele vai emergir como uma nova classe de ativos tocando todos os aspectos da sociedade". Tal revolução é assim apontada por Tércio Strutzel[103]:

> As tradicionais mídias offline baseiam-se na comunicação em uma única via: do veículo para o público (leitor/espectador/ouvinte). Durante décadas os jornais, revistas, rádios e TVs reinaram absolutos no fornecimento de conteúdo, muitas vezes de qualidade questionável e parcialidade duvidosa. Neste cenário, o público sempre foi e sempre será totalmente passivo, afinal os custos para se expressar em qualquer uma dessas mídias são altíssimos.

O autor assim ainda prossegue[104]:

> Se há trinta anos o espectador da TV tinha sete canais à disposição, hoje pode escolher entre centenas de canais da TV a cabo ou entre bilhões de sites na internet ou os milhares de aplicativos nos smartphones e tablets. Isso sem falar naqueles usuários que estão ocupados produzindo seu próprio conteúdo. Está bem obvio que as possibilidades hoje são praticamente infinitas. É justamente essa transferência do poder de decisão sobre o que consumir que deu forças aos espectadores. Porque além de ter muito mais opções de escolhas, agora o usuário exige uma experiência de consumo muito mais rica do que antigamente.

Além das inúmeras opções de escolha, há também inúmeras experiências de consumo espalhadas pela rede, nas diversas formas como *sites* de reclamação, blogs especializados ou nas insatisfações pessoais realizadas nas *fanpages* de marcas famosas, em redes sociais de grande porte, todas monitoradas por algoritmos. Logo, a qualidade e a intensidade do rela-

---

[103] STRUTZEL, Tércio. *Presença digital*: estratégias eficazes para posicionar sua marca pessoal ou corporativa na web. Rio de janeiro: Alta Books, 2015, p. 3-4.
[104] Idem, p. 5.

cionamento entre a marca e o consumidor são os principais fatores de seu sucesso no mundo em rede atual. O conteúdo de informação se torna a mola propulsora que movimenta a internet e suas redes sociais, e o engajamento dos indivíduos (sociológicos e fragmentados como anteriormente demonstrado) tornou-se a principal referência de como o conteúdo impacta as pessoas em rede e, consequentemente, as vendas de determinado produto e marca, conforme Tércio Strutzel[105]:

> ..., aquele público que outrora era passivo e controlado passa a ser ativo (e muito), criando, publicando e compartilhando seu próprio conteúdo, não importa a qualidade. (...) O fato de qualquer pessoa poder publicar seu próprio conteúdo gerou desdobramentos que derrubaram os índices de audiência das mídias offline ao mesmo tempo em que impulsionou radicalmente o crescimento e a adesão à internet.

Embora vista por alguns como fenômeno estritamente econômico, o sentido da globalização pode, como demonstrado, ser compreendido como mais amplo, abarcando tanto o fenômeno econômico quanto o fenômeno cultural e social[106]. Assim, a pós-modernidade acaba por trazer à tona fatores que contribuem para a globalização e que ampliam sua incidência na sociedade da informação. Exemplo maior disto, como já dissemos, é a integração virtual entre as economias globais e entre as próprias pessoas dos diversos países do mundo, em tempo quase-real de interação.

Contudo, a pedra de toque central da globalização, onde se encontram os maiores desafios, não se faz presente apenas no campo da Economia, estende-se, igualmente, à Política, às Ciências, à Educação e à Cultura, mas também ao crime organizado em âmbito internacional, tal como o tráfico de drogas e de pessoas e às ameaças em torno do meio ambiente. Otfried Höffe exprime diagnóstico meticuloso acerca da globalização e dos novos aspectos dela resultantes, ora reais, ora hipotéticos em seu livro

---

[105] STRUTZEL, Tércio. *Presença digital*: estratégias eficazes para posicionar sua marca pessoal ou corporativa na web. Rio de janeiro: Alta Books, 2015, p. 5.
[106] "Embora as forças econômicas sejam uma parte integrante da globalização, seria errado sugerir que elas sozinhas a produzam. A globalização é criada pela convergência de fatores políticos, sociais, culturais e econômicos. Foi impelida, sobretudo, pelo desenvolvimento de tecnologias da informação e da comunicação que intensificam a velocidade e o alcance da interação entre as pessoas ao redor do mundo". Idem, ibidem.

"A democracia no mundo de hoje"[107], em cujo bojo defende uma necessária ação global que, dada a estrutura vigente de Estados nacionais soberanos, somente pode ser levada a cabo com certas limitações. Para o autor, os instrumentos da diplomacia clássica e do Direito Internacional, as alianças interestatais e as organizações internacionais existentes, dentre elas as Nações Unidas, têm-se revelado deficientes.

Evidenciado pensamento similar de Armand Mattelart sobre uma não ocorrência, ou não possibilidade de globalização jurídica propriamente dita[108], mas de uma regulação jurídica da globalização a partir de conceitos sociológicos que denotam ou concederiam força normativa à sociedade internacional, ou pelo menos estrutura de força normativa a ela, assim dizendo Höffe, em um verdadeiro direito supranacional[109]:

> Posto que as pessoas, dentro de seus próprios limites, seguem regras coletivas, tais como costumes e direitos, vê-se então despontar uma vontade de que também se estabeleçam relações transnacionais sob uma forma jurídica. Atribui-se a uma vontade jurídica desse tipo, internacional e transnacional, atravessando, pois, os limites impostos por fronteiras, o surgimento dos primeiros impulsos e dos trabalhos pioneiros na área de um Direito supranacional. Desde o início, houve duas áreas de atuação nesse campo jurídico: um Direito Internacional Público, ou Direito das Gentes, que cuida das relações interestatais, e um Direito Internacional Privado, mais tarde, Direito Cosmopolítico, que regula as relações intersociais, ou seja, o comércio, o casamento entre cidadãos de países diferentes e o intercâmbio científico e cultural.

Faz-se mister, portanto, uma ordem jurídico-estatal que, por um lado, se submeta às condições da democracia liberal e, por outro, visto que os Estados nacionais devem sempre manter sua legitimidade, possua apenas um caráter complementar a esta, ou seja, subsidiário e federal. Otfried Höffe desenvolve o modelo básico de uma ordem política legítima, apresentada sob a proposta de uma República Mundial[110] complementar em relação

---

[107] HÖFFE, Otfried. *A democracia no mundo de hoje*. São Paulo: Martins Fontes, 2005.
[108] "... essa crença simultânea no progresso e no advento iminente dessa 'Associação Universal', que deverá suceder ao antagonismo universal: para uns, por intermédio das redes técnicas de trocas livres de mercadorias e de ideias; para outros, por meio das redes de solidariedade social.". MATTELART, Armand. *A invenção da comunicação*. Lisboa: Instituto Piaget, 1994, p. 127.
[109] HÖFFE, Otfried. *A democracia no mundo de hoje*. São Paulo: Martins Fontes, 2005, p. 16.
[110] HÖFFE, Otfried. *A democracia no mundo de hoje*. São Paulo: Martins Fontes, 2005, p. 1.

aos Estados, por isso edificada a partir de dois princípios da organização política estruturantes, a subsidiariedade e o federalismo, cujo objetivo é garantir uma ordem jurídica global de justiça.

A referida tese parte do seguinte pressuposto: a necessidade de ação que não se prende a fronteiras entre os Estados. Quando a necessidade de ação se torna global – retornando aqui à questão do crime organizado e à degradação ambiental, e porque não também, aplicável à crise de confiança dos *subprimes* norte-americanos anteriormente mencionada – nasce ou toma forma a ideia de um Estado igualmente global, que possua uma ordem jurídica e estatal de natureza internacional, graças a uma auto-organização enfática, que se estabelece como democracia global, como República Mundial, de modo que as soluções de problemas globais não fiquem entregues apenas "à forças de mercado (neoliberalismo) nem a uma evolução meramente contingente (teoria sistêmica), e muito menos a uma combinação dessas duas componentes"[111]. O autor alemão, inclusive, diante do chamado *Brexit*[112], acredita que o projeto de criação de Estados Unidos na Europa, como chama o bloco europeu e como queriam os idealizadores iniciais dele, nunca teve uma chance de dar certo, pois as nações são construções formadas historicamente que dão aos seus habitantes identidade e a sensação de fazer parte de algo, o que nunca foi o caso da União Europeia, mas que poderia ser, atualmente, com sua República Mundial Complementar[113]. Com isto, elencados os termos globalização e sociedade da informação, passaremos à análise da sociedade de hiperconsumo e a decorrente massificação das relações jurídicas que nas primeiras se desenvolvem e se desdobram corriqueiramente, para compreender as modificações estruturais que os algoritmos têm feito no Direito e sua percepção.

Muitos são os autores que tratam do atual estado da arte no tocante à denominada sociedade de consumo deste mundo dito globalizado e reinante da informação. Para Baudrillard[114], as novidades de consumo

---

[111] Idem, p. 2.
[112] Termo cunhado pela junção das palavras inglesas "Britain" e "exit", Bretanha e saída respectivamente, para identificar o processo de saída do Reino Unido da União Europeia iniciado com o referendo de 23 de junho de 2016.
[113] Disponível em: https://oglobo.globo.com/mundo/brexit-expoe-rejeicao-conceito-de-bloco--como-substituto-identidade-nacional-19634821, acesso em 05 de dezembro de 2018.
[114] BAUDRILLARD, Jean. *La sociedad de consumo: sus mitos, sus estructuras*. Madrid: Siglo XXI,

são produtos das novas tecnologias, das transformações dos modelos familiares e do culto da beleza e da saúde. O consumo é produto do capitalismo e diversos outros estudiosos sociais, como Zygmunt Bauman[115], Mike Featherstone[116] e Gilles Lipovetsky[117] afirmam que a sociedade pós-moderna é uma sociedade de consumo, onde o indivíduo é visto como consumidor em consequência da larga automatização dos sistemas de produção. E como tal processo se desencadeou ao longo da história ocidental é didaticamente apontado por Gilles Lipovetsky, em sua obra Felicidade Paradoxal, na qual nos basearemos e dialogaremos com Zygmunt Bauman e Armand Mattelart a seguir.

Aos olhos de Lipovetsky, a publicidade tem um papel inegável sobre o comércio e consumo[118], uma vez que o capitalismo não tem uma estratégia de racionalidade global. A única racionalidade encontrada no capitalismo é a de aumentar o volume de negócios, aumentando com isso, a rentabilidade. O que aos olhos de um ávido racionalista puro pode ser inconcebível, mas ao se afirmar isto, se levarmos em conta a condição humana, a racionalidade é apenas uma parte dela, havendo outra dimensão que é a estética – no sentido grego do termo, em que há a vida das sensações, uma vida sensível e perceptível. E essa, claramente constatável de não ser racional. Talvez por isso a economia não seja racional, porque visa essa parte da vida humana que não é racional, a *"aesthesis"* dos gregos, a dimensão estética que deve se levar em conta.

Mas o autor não reduz o ser humano a um simples consumidor, pois na cultura de massas, consumista, as atividades centram-se no prazer e a felicidade privada que o consumidor tem em consumir. Em Lipovetsky, não há nada de elevado em comprar as roupas da última moda ou em atender às publicidades assistidas na televisão, pois nisto há prazer presente, o que como já dissemos, privilegia a construção de um padrão de pensar de caráter imediato no ser humano, isto é, que se volta para

2009, p.63.
[115] BAUMAN, Zigmunt. *Globalização*: as conseqüências humanas. Rio de Janeiro: Zahar, 1999.
[116] FEATHERSTONE, Mike. *Cultura de consumo e pós-modernismo*. São Paulo: Studio Nobel,
[117] LIPOVETSKY, Gilles. *O império do efêmero*: a moda e seu destino nas sociedades modernas. São Paulo: Companhia das Letras, 1989.
[118] Ver entrevista concedia em "O Valor da Liberdade – Episódio 1 – Gilles Lipovetsky". Fundação Francisco Manuel dos Santos, disponível em https://www.youtube.com/watch?v=jNN0zJgCUb8, acesso em 06 de maio de 2018.

o momento atual, com preocupações dirigidas tão somente para o presente e não projetadas ou preocupadas com o futuro.

Lipovetsky acredita que se o consumismo não é sinônimo de felicidade, não deixa de ser, no entanto e, em muitas vezes, fonte de real satisfação ao seu denominado hiperconsumidor de nossos dias. Essa situação de premente prazer se classifica como uma paradoxal ideia ou entendimento de felicidade, que sendo efêmera, se vai com o término do próprio consumo. Mesmo com algumas diferenças em suas principais ideias, o consumidor nunca está plenamente satisfeito e termina por buscar novos produtos e experiências, assim que estes são lançados no mercado. Logo, os consumidores não buscam apenas produtos, mas também, emoções e sensações, por acreditarem que sua posição cultural e social mude conforme os produtos que os rodeiam. Isto porque, a sociedade de hiperconsumo de Lipovetsky está envolvida em uma dinâmica social estruturada na compra dos mais diversos produtos, cada vez mais sofisticados e que nos poupam das mais diversas atividades, verdadeiros equipamentos que aos poucos vão se tornando parte essencial de nossa rotina, ditada pelas grandes marcas ocidentais.

Neste contexto, Armand Mattelart inicia o capítulo I de sua obra "História da Sociedade da Informação" afirmando que, "a ideia de uma sociedade regida pela informação está, por assim dizer, inscrita no código genético do projeto de sociedade inspirado pela mística do número"[119] que surgiu muito antes do ingresso da noção de informação na língua, cultura e ideário coletivo da pós-modernidade e que, a partir dos séculos XVII e XVIII, tal ideologia instaura-se definitivamente com a exaltação da matemática, como modelo de raciocínio e ação útil, formadora inclusive de "modelos da igualdade cidadã e dos valores do universalismo durante a Revolução Francesa"[120]. Nos capítulos seguintes, o autor demonstra em detalhes, o avanço e a influência de pensadores, cientistas e instituições mundiais, principalmente norte-americanas que produziram vários documentos a fim de propiciar a liberalização do conjunto do sistema de comunicações, primeiro nos Estados Unidos e depois no resto do mundo, o que facilitou a difusão de informação e consumo norte-americanas.

---

[119] MATTELART, Armand. *História da sociedade da informação*. São Paulo: Edições Loyola, 2006, p. 11.
[120] Idem, p. 11.

DA RELAÇÃO JURÍDICA

O autor afirma, ainda, que como Roma exportou o direito para o mundo, como a Inglaterra exportou a democracia parlamentar e a França, a cultura e nacionalismo republicano, de igual forma no momento em que vivemos, os Estados Unidos é o foco de exportação atual do qual irradiam-se a inovação tecnocientífica e a propagação da cultura de massas, ambos produtos de um modelo de consumo elevado, que deu origem ao hiperconsumidor de Lipovetsky, pois[121]:

> Eles oferecem ao mundo não apenas um modo de ação destinado aos homens de negócios e dos meios científicos, mas um modo de vida. Efetivamente, a confrontação com a novidade faz parte da experiência americana cotidiana. Seu universalismo se explica pelo fato de que a sociedade americana "comunica-se", mais que qualquer outra, com o mundo inteiro. Ela é a principal propagadora da revolução tecnoeletrônica. (...). Os Estados Unidos se tornaram a "primeira sociedade global da história". Eles prefiguram a "sociedade global" em escala mundial. Como a revolução tecnocientífica *made in USA* cativa a imaginação de toda a humanidade (a conquista espacial demonstra isso amplamente), é inevitável que ela conduza as nações menos avançadas a alinhar-se a esse pólo inovador e que as incite a imitá-la tomando emprestados os seus métodos, as suas técnicas e práticas de organização.

Igual posição podemos encontrar em Zygmunt Bauman, sociólogo polonês erradicado na Inglaterra, que se dedicou em vasta obra[122], à reflexão sobre a cultura do consumo e suas implicações para a vida humana na sociedade que chama de "líquido-moderna". Na obra "A arte da vida", o sociólogo polonês procura compreender a cultura ocidental através dos referenciais e valores que fundamentam a busca pela felicidade numa modernidade dita líquida[123] e as consequências que tal

---

[121] MATTELART, Armand. *História da sociedade da informação*. São Paulo: Edições Loyola, 2006, p.98-99.

[122] Falecido em janeiro de 2017, Bauman é conhecido por uma produção literária extensa, onde escreveu mais de 70 livros (dos quais 40 já foram traduzidos para o português), na busca por soluções para um mundo melhor. Disponível em https://zahar.com.br/blog/post/em-novembro-chega-livrarias-novo-livro-do-bauman, acessado em 19 de maio de 2018.

[123] É assim que o sociólogo polonês se refere ao momento da História em que vivemos. É um mundo de incertezas onde os tempos são "líquidos" porque tudo muda tão rápida e drasticamente. Em sua concepção, nada é feito para durar, ou com tempo hábil para ser "sólido". Disso resultariam, entre outras questões, a obsessão pelo corpo ideal, o culto às celebridades, o

busca acarretam na identidade dos indivíduos e consequentemente em seu comportamento social, ou seja, em seus relacionamentos sociais[124]. Tanto Bauman, como Lipovetsky se interessam por explorar a relação entre consumo e felicidade, porém, o primeiro possui uma abordagem pessimista ou negativa do consumismo, enquanto que o segundo procura não enxergar apenas as mazelas do consumo, mas analisar também seus pontos positivos, isto porque, "Evidentemente, o balanço humano e social da sociedade hipermercantil não é muito lisonjeiro, mas é negativo em todos os pontos? (...) Contra a postura hipócrita de grande parte da crítica do consumo, é preciso reconhecer os elementos de positividade implicados na superficialidade consumista"[125].

Para tanto e, num primeiro momento, precisamos compreender como a irradiação tecnocientífica e a propagação da cultura de massas se deram no mundo ocidental, para num segundo, contrastar as posições de Bauman e Lipovetscky, acima resumidas, pois tais poderão fornecer, ao final, uma visão sobre como os algoritmos continuam difundindo e desenvolvendo a sociedade de massas e seu consumismo e a relação destas com seu superdimensionamento.

Com isso, Lipovetsky estabelece uma divisão em três grandes etapas históricas da evolução ou desenvolvimento deste consumismo ocidental pós-moderno. Para ele, a primeira fase se inicia por volta de 1880 e chega ao fim com a Segunda Guerra Mundial[126]. Neste período, o comércio pôde se desenvolver em grande escala, devido ao surgimento e ascensão das modernas infraestruturas de transporte e comunicação, que possibilitaram o aumento da regularidade, volume e velocidade no transporte de produtos para as fábricas, cidades e centros comerciais. A elaboração de máquinas de fabricação contínua tornou possível que a produtividade aumentasse e, ao mesmo tempo, que custos fossem reduzidos[127]. Além disso, fator crucial neste processo fora a reestruturação de fábricas através do modelo de linha de montagem móvel em que produtos eram elaborados com maior

---

endividamento geral, a paranoia com segurança contra a violência e até mesmo a instabilidade dos relacionamentos amorosos.

[124] passim BAUMAN, Zigmunt. *A arte da vida*. Rio de Janeiro: Jorge Zahar Ed., 2009.
[125] LIPOVETSKY, Gilles. *A Felicidade paradoxal*: ensaio sobre a sociedade de hiperconsumo. São Paulo: Companhia das Letras, 2007, p. 17.
[126] Idem, p. 26.
[127] Idem, p. 27.

rapidez[128]. Entretanto, a venda de tantos produtos assim, necessitariam de uma nova abordagem junto aos possíveis consumidores e, com isto, o marketing, a publicidade e a propaganda tornaram-se inseparáveis da economia de consumo[129]. Produtos que eram vendidos a granel, muitos de maneira anônima e local, foram substituídos por outros, agora dotados de uma marca reconhecível simbólica ou significativamente. Para Lipovetsky, é nesta fase que o consumidor tradicional se transformou no consumidor moderno, que procura marcas e é seduzido por suas publicidades[130]. Para complementar a transformação do consumidor, os grandes magazines ou lojas de departamento foram implantadas, em diversas partes do mundo, com concentração especial nos Estados Unidos e na Europa, e estes passam a não apenas venderem mercadorias, mas a estimularem a necessidade do consumo, pelas novidades e pela conduta ditada pela moda e a estética[131].

A segunda fase, então, se estabelece em torno dos anos 1950 e apresenta-se como modelo puro da sociedade do consumo de massa. É nesse período que Lipovetsky entende que a estrutura de consumo se modifica profundamente, quando diversos produtos se tornam acessíveis a uma maior parcela da população, tais como os televisores, eletrodomésticos e automóveis[132]. Assim, as grandes massas obtiveram acesso a uma grande quantidade de bens materiais antes destinados apenas às elites sociais. O que, nesta fase, culminam com as estratégias de marketing terem sido modificadas com vistas às diferentes camadas sociais e aspectos socioculturais da sociedade. Desejos e anseios agora são sempre estimulados e a individualização do indivíduo, através da compra, ganha enorme força[133].

Para Lipovetsky, a terceira fase é a que nos encontramos atualmente, iniciada desde 1970, chamada pelo autor de sociedade do hiperconsumo. O autor afirma que vivemos hoje em uma civilização de felicidade paradoxal em que nossas sociedades são cada vez mais ricas, entretanto, um número crescente de pessoas vive na precariedade. Somos cada vez mais

---

[128] Idem, p. 28.
[129] Idem, p. 29.
[130] LIPOVETSKY, Gilles. *A Felicidade paradoxal*: ensaio sobre a sociedade de hiperconsumo. São Paulo: Companhia das Letras, 2007, p. 30.
[131] Idem, p. 31-34.
[132] Idem, p. 35.
[133] Idem, p. 36-37.

bem cuidados, mas as decepções e inseguranças sociais aumentam incessantemente. Esta fase do hiperconsumo é principalmente emocional e subjetiva, quando os indivíduos desejam objetos como que para continuar vivendo e não por sua utilidade ou necessidade real. As mercadorias que são consumidas adquirem um novo perfil, isto é, estas não fornecem mais apenas um status, mas também oferecem um estilo de vida específico ao consumidor. Esta nova relação entre pessoa e produto faz com que ocorra o que o autor chama de consumo emocional, em que são buscadas as sensações e um maior bem-estar subjetivo, instituindo no ato da compra o sentir consumista, neste sentido, as marcas ganham uma nova dimensão, quando o consumidor acredita que possui o direito de consumir um produto de qualidade[134].

Diante disto, Lipovestky defende que a economia da terceira fase inverteu a lógica do mercado de consumo que, organizando a produção padronizada de massa, instituía a preponderância da oferta. A partir deste ponto não se tratava mais de produzir primeiro para vender em seguida, como no modelo Fordista e Taylorista[135], mas de vender para produzir, transformando o consumidor final em uma espécie de comandante do produtor[136] que dita os parâmetros da produção e do consumo. Tal mudança trouxe consigo a necessidade de personalização e hipersegmentação dos mercados[137], esta tendência à personalização dos produtos e dos serviços desenvolve-se em uma economia em que se impõe a soberania da inovação sobre a produção[138].

Diante disto, para Lipovetsky surge uma hipermercadoria, que paralelamente aos princípios de diferenciação e de renovação dos produtos, somada a exigência da qualidade, modifica de modo fundamental a organização da produção e dos serviços. A segunda fase foi identificada, muitas vezes, a uma economia baseada no "complô da moda", na degradação da qualidade, nos vícios de construção intencionais. Se o universo da terceira fase da mercadoria moderna acelera ainda mais a lógica-moda da produção,

---

[134] LIPOVETSKY, Gilles. *A Felicidade paradoxal*: ensaio sobre a sociedade de hiperconsumo. São Paulo: Companhia das Letras, 2007, p. 76-78.
[135] Idem, p. 79-80.
[136] Idem, p. 81-82.
[137] Idem, p. 83-84.
[138] Idem, p. 85.

não deixou por isso de transformar sua economia, conseguindo combinar impermanência perpétua e princípio de qualidade[139]. Assim, passa-se ao ciclo da hipermercadoria quando os objetos industriais baratos conseguem alcançar níveis de qualidade próximos aos dos produtos *top* de linha. O descarte dos artigos já não é provocado pela mediocridade da fabricação, mas pela economia da velocidade, por produtos novos, mais eficientes ou que respondam a outras necessidades, o hiperconsumidor, portanto, passa por nova modificação ou evolução[140] em ampla consonância com a sociedade do ter descrita em Paulo Freire[141].

Por fim, Lipovestky se digna a explicitar que por toda parte, a terceira fase assinala-se pela explosão dos orçamentos de comunicação exigidos pela intensificação da concorrência, a semelhança dos produtos e os imperativos de rentabilidade rápida e elevada[142] que ainda nos dias atuais e por muitos outros também influenciarão o hiperconsumidor na busca por sua felicidade, mesmo que paradoxal. Neste sentido, vale mencionar a posição descritiva de Luci Gati Pietrocolla[143]:

> Insatisfação, compulsão, criação de novas necessidades e o desejo de obtenção de lucro são os pilares para a construção e desenvolvimento da sociedade de consumo. Quanto maior for a posse de bens de um indivíduo, maior será seu prestígio social. Deste modo, a sociedade de consumo tem como lógica a criação de novas necessidades que se traduzem na criação de novos bens de consumo.

Desta feita, a relação entre consumo e expectativa de felicidade no mundo contemporâneo é amplamente abordada por Bauman e Lipovetsky. Em seu estilo negativo e ensaístico, Bauman chega a uma metáfora exemplar do conceito de felicidade do atual estágio do capitalismo quando diz que: "Um dos efeitos mais seminais de se igualar a felici-

---

[139] Idem, p. 86-92.
[140] Idem, p. 93-95.
[141] "A educação deve auxiliar o homem a inseri-lo criticamente no processo histórico para que, assim, possa libertar-se pela conscientização da atual síndrome do ter e da escravidão do consumismo." in FREIRE, Paulo. *Educação como prática de liberdade*. São Paulo: Ed. Paz e Terra, 2000.
[142] LIPOVETSKY, Gilles. *A Felicidade paradoxal*: ensaio sobre a sociedade de hiperconsumo. São Paulo: Companhia das Letras, 2007, p. 96-97.
[143] PIETROCOLLA, Luci. G. *Sociedade de consumo*. São Paulo: Global, 1989, p. 37-38.

dade à compra de mercadorias que se espera que gerem felicidade é afastar a probabilidade de a busca da felicidade um dia chegar ao fim. (...). Na pista que leva à felicidade não existe linha de chegada"[144], portanto, somos levados a compreender que o consumo impõe as noções de adquirir e manter uma posição social necessariamente reconhecida pela sociedade. No entanto, tanto em Bauman como em Lipovetsky, o certificado de validade ou a felicidade intrínseca do *status* adquirido tem prazo de validade curtíssimo. A sensação de pertencimento e adequação que o consumo proporciona se vão com o próprio consumo, o consumidor então, precisa voltar às lojas e adquirir os produtos "corretos" para o reforço da sensação de continuar na competição social e de estar a frente dos demais concorrentes. A questão de fundo com a qual o autor se confronta, concordando com o pensamento kantiano, é que não é possível se chegar a uma conclusão conjunta, definitiva e consistente do que seja felicidade, pois como também constata Bauman, "para um observador de fora, a felicidade de uma pessoa pode ser bem difícil de distinguir do horror de uma outra"[145].

Nesse ponto, coloca-se em xeque a crítica da sociedade de consumo feita pelo próprio autor em toda sua introdução do livro "a arte da vida", pois se a felicidade é subjetiva e cultural, como aquele explanou, com quais parâmetros, se não subjetivos, podemos fazer a crítica dos valores dessa sociedade? No estágio atual do capitalismo, ao contrário do que demonstra Bauman, qualquer indivíduo é cativo do olhar do Outro, e só se sente seguro, feliz ou "bem" se estiver "melhor" que outrem, se for "invejado", "apreciado" ou "observado" pela grande massa, ou ao menos pelo grupo social que faz parte. Encontramos posição mais positiva quanto ao consumo, sem é claro olvidar suas mazelas, no pensamento de Lipovetsky, quando este fez o seguinte alerta:

> Sempre fui pouco severo em relação à cultura de massas, a cultura frívola, ligeira. Nos países desse universo frívolo, a liberdade das pessoas, o consumo, o entretenimento, a televisão, tudo o que não tem alto valor espiritual, intelectual, toda cultura de massas, consumista, centra-se sobre o que? Sobre o prazer. O prazer e a felicidade privada. O universo do superficial mostrou-nos o seu poder extraordinário para nos afastar daquilo que

---

[144] BAUMAN, Zigmunt. *A arte da vida*. Rio de Janeiro: Jorge Zahar Ed., 2009, p. 18-19.
[145] Idem, p. 46.

literalmente esmagou a liberdade humana, a maior subjugação que se possa imaginar: os campos da morte, os campos de concentração. É um ponto que considero importante e demasiado esquecido. As críticas à cultura de massas, ao entretenimento, esquecem isto. A barbárie, ou a negação da liberdade, tem graus. Não há só servidão e liberdade, há múltiplas liberdades. Se olharmos os últimos cinquenta anos, há um momento em que o capitalismo se torna capitalismo de consumo e, difundindo o ideal do prazer, reforça globalmente a democracia e seus ideais, onde violências políticas desaparecem. Assim, o capitalismo reforçou a lógica democrática.[146]

O sociólogo francês, com isso, ao colocar bons olhos sobre a sociedade de consumo, evidencia a presença do *efeito Diderot* do antropólogo Grant McCracken[147], marca de um dos maiores usos – se não da criação – dos algoritmos em dias atuais: fomentar a cultura do consumo.

O filósofo francês Denis Diderot, em suas "Lamentações sobre meu velho robe ou conselho a quem tem mais gosto que fortuna"[148], datado do século XVIII, se viu afortunado dentro de uma vida humilde e decidiu por comprar um roupão que substituísse seu antigo robe. Essa compra, porém, deu início a uma série de frustrações na vida do autor, não porque havia algo de errado com o roupão novo escolhido, mas justamente ao contrário, com tudo aquilo que lhe era "antigo". Ao adicionar o novo roupão ao conjunto de pertences que o filósofo já estava acostumado, inicia-se uma falta de coordenação, unidade e beleza em sua vida. Que levam o autor a novas aquisições: um tapete de Damasco, novas esculturas, uma mesa de jantar maior, um espelho sobre a lareira e uma nova poltrona de couro, tudo isto em substituição a itens antigos, que não mais combinavam com o tão novo robe.

As novas aquisições foram suficientes não só para acabar com o dinheiro que o filósofo tinha recebido, neste momento afortunado de sua vida, como para fazê-lo trabalhar cada vez mais para saciar a vontade que tinha de

---

[146] Ver entrevista concedida em "O Valor da Liberdade – Episódio 1 – Gilles Lipovetsky". Fundação Francisco Manuel dos Santos, disponível em https://www.youtube.com/watch?v=jNN0zJgCUb8, acesso em 06 de maio de 2018.
[147] *passim* McCracken, Grant. *Culture and consumption*: new approaches to the symbolic character of consumer goods and activities. Indiana University Press, Bloomington and Indianapolis, 1988.
[148] Disponível em https://www.revistaserrote.com.br/2012/06/lamentacoes-sobre-meu-velho-robe-ou-conselho-a-quem-tem-mais-gosto-que-fortuna/, acessado em 19 de maio de 2018.

comprar coisas que se encaixassem no novo e mais alto padrão estabelecido em seus pertences. Quando finalmente se deu conta do ocorrido, só lhe restaram lamentações do dinheiro e tempo perdidos, relatados em seu ensaio que deram base para a elaboração do conceito por parte do antropólogo canadense Grant McCracken[149]. O *efeito Diderot* consiste no chamado espiral de consumo, em que um indivíduo entra ao adquirir um bem de consumo que lhe provoque determinada identificação, ou seja, quando este se utiliza de um bem de consumo para construir sua identidade, consistente, uniforme e padronizada dentro do contexto social que está inserido. Assim, a identificação de um produto com algo que o indivíduo se considera ser – ou até que gostaria de ser – traz luz ao *efeito Diderot*, que faz com que o indivíduo consuma mais produtos daquele mesmo grupo de identificação.

Cientes deste efeito, as grandes marcas "facilitam" o processo de espiral ao oferecerem vendas casadas ou itens adicionais para customização ou melhoria do produto já adquirido. Não é pra tanto que ao pesquisar em sites de buscas sobre lugares turísticos e promoções de hotéis na Argentina, um algoritmo dirá a um consumidor, através de propagandas e/ou publicidades, que ele deveria considerar de igual forma uma viagem para o Chile ou o Uruguai. É o que o antropólogo canadense chama de *unidades Diderot*[150], grupos segundo os quais um consumidor compra um item e sente imediatamente a "necessidade" de outros, ou seja, ao se comprar um tênis novo, precisa-se de uma meia nova e daí por diante no espiral do consumo.

Como já mencionamos nesta obra, Alfred North Whitehead vislumbra, em sua obra Processo e Realidade[151], que "a civilização avança ao expandir o número de operações importantes que podemos executar sem pensar", talvez seja por isso que o fenômeno da massificação dos contratos, o que encontra amparo nos dizeres de Mattelart, quando este diz que "a realiza-

---

[149] Grant David McCracken é um antropólogo canadense, nascido em 1951, Ph.D. em antropologia pela Universidade de Chicago, fundador e diretor do Instituto de Cultura Contemporânea do Museu Real de Ontario, consultor da casa branca e de grandes corporações como Netflix, Google, Amazon e IBM, professor na universidade de Harvard.
[150] McCracken, Grant. *Culture and consumption*: new approaches to the symbolic character of consumer goods and activities. Indiana University Press, Bloomington and Indianapolis, 1988, p. 119.
[151] passim WHITEHEAD, Alfred North. *Proceso y Realidad*. Traducción de J. Rovira Armengol. Buenos Aires: Editorial Losada, 1956.

ção de programas automáticos é um fato culminante na história humana, de importância comparável ao percussor (contemporâneo do martelamento, da clava e da espátula) ou do da agricultura"[152]. Mas tais operações não só são realizadas no campo fático, como também no campo jurídico das atividades ou relações sociais. A teoria da relação jurídica continua sendo o instituto basilar de configuração da compra e venda de produtos ou bens de consumo e como seus elementos, estruturas e desdobramentos se configuram são necessários compreender para se analisar as modificações da coisificação ou titularidade dos algoritmos frente a ela, o que veremos logo a diante.

Contudo, se faz necessário compreender os primeiros desdobramentos que a já apontada sociedade de hiperconsumo tem sobrepujado sobre a relação jurídica, na chamada massificação dos contratos, momento em que aparentes operações importantes, como disse Whitehead, são executadas sem que uma das partes realmente exerça sua autonomia de vontade propriamente dita, como nos chamados contratos de adesão, um dos grandes expoentes do fenômeno da massificação dos contratos, que nos dizeres de Leonardo Estevam Zanini[153], denotam que:

> A contratação na sociedade massificada rompeu com os paradigmas da concepção contratual clássica. O contrato de adesão e as condições gerais de contratação, que normalmente integram o contrato de adesão, alteraram o colorido das relações contratuais. Constituem, em realidade, apenas o reflexo de uma sociedade voltada para a eficiência econômica, na qual é demandado o intercâmbio massivo de bens e serviços de forma muito rápida, fenômeno imprescindível para a circulação das riquezas na sociedade hodierna.

A concepção tradicional ou dita clássica de contrato desponta especialmente pelo surgimento do Código Napoleônico de 1804, que procurou recepcionar os ideais da Revolução Francesa de 1789 conjuntamente com a construção da doutrina da autonomia da vontade – desenvolvida pelos canonistas –, a teoria do direito natural, as teorias econômicas e o liberalismo. No intento de se defender a liberdade, antes rechaçada pelos gover-

---

[152] MATTELART, Armand. *História da sociedade da informação*. São Paulo: Edições Loyola, 2006, p. 75
[153] ZANINI, Leonardo Estevam de Assis. *Contratação na sociedade massificada*. Revista Brasileira de Direito Civil – RBDCivil, vol. 14, p. 75-98, Belo Horizonte, out./dez. 2017, p. 75-76.

nos absolutistas, a burguesia revolucionária precisava defender o direito de propriedade através de um instrumento cuja transferência e aquisição da propriedade dependesse exclusivamente da vontade, para tanto, "o acordo de vontades representava, em realidade, uma garantia para os burgueses e para as classes proprietárias"[154]. Utilizando-se, assim, dos ensinamentos aristotélicos, tanto o código civil francês como o alemão da época, partiam da ideia de que todos os homens são livres e iguais e que, portanto, seriam capazes de gerir seus próprios interesses financeiros e de escolher seus parceiros contratuais, bem como de definir o conteúdo de suas contratações, sem a ingerência do Rei e/ou de um Estado Absoluto, a intitulada igualdade formal das partes e o consentimento livre dos contratantes, conforme Zanini diz[155]:

> Nesse período, as relações jurídicas se estabeleciam entre pessoas perfeitamente identificáveis, que podiam discutir todos os tópicos do contrato que viria a ser formado (*contrat de gré à gré*). Com isso, em função da liberdade individual, a atuação do Estado no âmbito contratual deveria ser mínima, basicamente voltada para a garantia da execução e do cumprimento das obrigações assumidas pelos contratantes. O Estado não podia intervir para analisar o equilíbrio dos contratos ou tentar promover a igualdade substancial das partes, pois sua função era meramente a de garantidor da "estabilidade das regras do jogo".

A eficiência econômica e o intercâmbio massivo de bens e serviços, portanto, podem ser atribuídos ao Estado Liberal, momento político e jurídico do referido marco histórico, e a visão do contrato, que dentro desse paradigma é o ponto máximo do individualismo, centrado na liberdade formal, de forma ampla e absoluta. A autonomia da vontade é, então, entendida como lei e propagadora de segurança jurídica, pois os que praticavam atividades econômicas nos contratos poderiam contar que este seria cumprido. Para Loureiro[156]: "Todo o poder da vontade humana, como criadora de obrigações, vem assentado no art. 1.134 do Código de Napoleão, quem [sic] emprega uma forte redação: 'as conven-

---

[154] GONÇALVES, Carlos Roberto. *Direito Civil Brasileiro*, v.3. São Paulo: Saraiva, 2017, p. 23.
[155] ZANINI, Leonardo Estevam de Assis. *Contratação na sociedade massificada*. Revista Brasileira de Direito Civil – RBDCivil, vol. 14, p. 75-98, Belo Horizonte, out./dez. 2017, p. 77.
[156] LOUREIRO, Luiz Guilherme. *Contratos no novo código civil*. São Paulo: Método, 2004, p. 42.

ções legalmente formadas têm o valor de leis para aqueles que a fizeram'". Entretanto, não se falava em igualdade material, nem em solidariedade. A obrigação contratual, dentro da visão microscópica do contrato, não gerava pessoalidade entre os sujeitos: credor (*accipiens*) e devedor (*solvens*), abstratamente considerados e indiferentes à sociedade ao seu redor.

Esse modelo, que tinha como princípios fundamentais a autonomia da vontade, a força vinculante dos contratos (*pacta sunt servanda*) e a relatividade dos efeitos contratuais, foi formado e desenvolvido ao longo do século XIX e esteve em pleno vigor e execução até o final deste e início do século XX. Tal concepção influenciou o Direito Privado europeu e dos demais países que seguem o sistema da *Civil Law*, incluindo o Brasil, que viu tais ideias positivadas em seu Código Civil de 1916[157]. Entretanto, esse exacerbado individualismo trouxe consigo sérios desequilíbrios sociais, uma vez que acabou por provocar o predomínio da parte economicamente mais forte, ou hipersuficiente, sobre as mais fracas[158]. Tal problema pode ser nitidamente evidenciado na celebração dos contratos de trabalhos, onde o princípio da autonomia da vontade se mostrou totalmente inoperante, conforme Fábio Ulhoa já apontou[159].

As dificuldades desse momento histórico podem ser notadas e muito bem sintetizadas pelas célebres palavras do padre Lacordaire, que aduziu que: "entre os fortes e fracos, entre ricos e pobres, entre senhor e servo é a liberdade que oprime e a lei que liberta"[160]. Tais descompassos demonstraram a necessidade de revisão da concepção contratual clássica, elaborada no século XIX e fundada no voluntarismo. Surgindo, então, no século XX, premente dirigismo contratual, reflexo dos movimentos sociais desencadeados na Europa que culminaram, assim, com a passagem do Estado Liberal para o chamado Estado Social, que assumiu um papel intervencionista, "procurando proteger e atingir objetivos sociais bem definidos, atinentes à dignidade da pessoa humana e à redução das

---

[157] MARQUES, Claudia Lima. *Contratos no Código de Defesa do Consumidor*: o novo regime das relações contratuais. 8. ed. São Paulo: Revista dos Tribunais, 2016, p. 51-52.
[158] TEPEDINO, Gustavo. *Temas de direito civil*, 4ª ed. Rio de Janeiro: Renovar, 2008, p. 232.
[159] COELHO, Fábio Ulhoa. *Curso de direito civil*, 3ª. ed. São Paulo: Saraiva, 2009. v. 3, p. 9.
[160] Tradução livre do original: "Entre le fort et le faible, entre le riche et le pauvre, entre le maître et le serviteur, c'est la liberté qui opprime et la loi qui affranchit" in LACORDAIRE, Henri. Conférences de Notre-Dame de Paris. Paris: Sagnier et Bray, 1848, p. 246.

desigualdades culturais e materiais"[161], neste sentido, Lipovetsky também discorre que[162]:

> ..., desde o fim dos anos 70, com as medidas econômicas de Reagan e Thatcher aliadas a liberalização da esfera econômica, surge um "ultraliberalismo" e com ele um afastamento do Estado em relação aos mercados, aquilo que chamo de turbo-capitalismo, onde as coisas se complicaram. Surge um poder décuplo multiplicador dos mercados. Inegavelmente, a escalada do poder dos mercados em relação à democracia evidencia que estamos numa situação nova em que o papel do Estado se reduziu. A prova disto é que as grandes iniciativas cabem ao mercado, à lógica financeira do capitalismo. O Estado perdeu sua margem de manobra e aqui temos um verdadeiro problema: o liberalismo econômico não acabará por matar o liberalismo político? É a lógica dos mercados que triunfa.

Desta forma, o Estado passa a intervir nas relações contratuais, buscando garantir um relativo equilíbrio entre os contratantes, o que faz com fundamento na ordem pública e na boa-fé, objetivando resguardar os interesses de grupos ou indivíduos vulneráveis[163]. Tal intervenção reinou por muitos ciclos até que sua lógica fora contestada por um amontoado de algoritmos organizados denominada de *Blockchain* frente à crise dos *subprimes* norte-americanos. A quebra do banco estadunidense *Lehman Brothers*, em setembro de 2008 – um dos grandes marcos da crise econômica atual e a maior falência da história dos Estados Unidos da América[164] –, ocorreu há quase dez anos e, até hoje, podemos sentir reverberações e repercussões de sua crise, como também, do fortalecimento dos algoritmos nas relações socioeconômicas e jurídicas. Mas por que um banco ou conjunto de bancos puderam trazer à tona tamanha crise?

A maioria das pessoas parece pensar que o banco empresta o dinheiro que alguém lá depositou anteriormente, quando na realidade, um banco comercial gera dinheiro a partir do nada e, depois, empresta-o com juros

---

[161] TEPEDINO, Gustavo. *Temas de direito civil*, 4ª ed. Rio de Janeiro: Renovar, 2008, p. 232.
[162] Ver entrevista concedia em "O Valor da Liberdade – Episódio 1 – Gilles Lipovetsky". Fundação Francisco Manuel dos Santos, disponível em https://www.youtube.com/watch?v=jNN0zJgCUb8, acesso em 20 de maio de 2018.
[163] GOMES, Luiz Roldão de Freitas. *Contrato*. Rio de janeiro: Renovar, 2002, p. 101.
[164] A quebra do século. Especial 40 anos da Revista Isto É, edição 2540, de 24 de agosto de 2018. Disponível em: https://istoe.com.br/categoria/especial-40-anos/, acesso em 25/08/2018.

às pessoas[165]. Importante ressaltar que no Brasil, por exemplo, se um indivíduo falsifica, fabrica ou altera dinheiro (moeda metálica ou papel moeda) em casa, incorrerá nas penas estabelecidas pelo art. 289 do Código Penal[166]. De igual forma, se um contabilista cria dinheiro do nada através das contas de uma empresa, incorrerá nas penas estabelecidas pelo art. 299 do Código Penal[167] ou nas da Lei 9.964/2000 se o intuito é fraudar o fisco[168], mas se um banco o fizer não há delito algum configurado.

Diante disto, os bancos tentam convencer as pessoas de que a culpa é delas: suas pretensões salariais são muito altas e, por isso, temos uma inflação elevada; ou que é por se especular no mercado imobiliário é que os preços das casas continuam a aumentar. O que não se diz é que isto ocorre porque os bancos estão criando dinheiro, a partir do nada, e estão injetando-o no sistema e é por isso que os preços estão aumentando exageradamente. Desde 1971, quando o presidente Nixon tirou os Estados Unidos da América do que restava do padrão-ouro, ou da conversibilidade do dólar em ouro[169], o mundo (pelo menos ocidentalizado) opera sob

---

[165] WERNER, Richard. A. How do Banks create money, and why can other firms not do the same? An explanation for the coexistence of lending and deposit-taking. International Review of Financial Analysis, vol. 36, dezembro de 2014, páginas 71-77, disponível em http://www.sciencedirect.com/science/article/pii/S1057521914001434#bb0060, acesso em 25 de agosto de 2018.

[166] BRASIL, Código Penal. Art. 289: "Falsificar, fabricando-a ou alterando-a, moeda metálica ou papel-moeda de curso legal no país ou no estrangeiro: Pena – reclusão, de 3 (três) a 12 (doze) anos, e multa.".

[167] BRASIL, Código Penal. Art. 299: "Omitir, em documento público ou particular, declaração que dele devia constar, ou nele inserir ou fazer inserir declaração falsa ou diversa da que deveria ser escrita, com o fim de prejudicar direito, criar obrigação ou alterar a verdade sobre fato juridicamente relevante: Pena – reclusão, de 1 (um) a 5 (cinco) anos, e multa, se o documento é público, e reclusão de 1 (um) a 3 (três) anos, e multa, se o documento é particular.".

[168] BRASIL, Lei 9.964/00. Art. 1º: "Constitui crime contra a ordem tributária suprimir ou reduzir tributo, ou contribuição social e qualquer acessório, mediante as seguintes condutas: I - omitir informação, ou prestar declaração falsa às autoridades fazendárias; II - fraudar a fiscalização tributária, inserindo elementos inexatos, ou omitindo operação de qualquer natureza, em documento ou livro exigido pela lei fiscal; (...)". Art. 2o: "Constitui crime da mesma natureza: I - fazer declaração falsa ou omitir declaração sobre rendas, bens ou fatos, ou empregar outra fraude, para eximir-se, total ou parcialmente, de pagamento de tributo; (...)".

[169] ULRICH, Fernando. *Bitcoin*: a moeda na era digital. São Paulo: Instituto Ludwig Von Mises Brasil, 2014, p. 34.

um sistema financeiro conhecido como "fiat"[170]. Uma palavra latina que significa "assim se faça". É a "lei" de que a moeda que o governo define e que o banco central emite seja dinheiro, conhecida, então, como moeda fiduciária. O que confere valor à moeda é a crença, confiança ou fidúcia, difundida entre os países. Logo, o Dólar, o Real, a Libra e o Euro são moedas "fiat" governamentais, por exemplo. Sem essa imposição legal, e o fato de termos que pagar impostos com esse mesmo dinheiro, o tal real ou o símbolo no computador que representa o real, não teria significado. Logo, apenas o governo tem o "direito", ou poder, de emitir papel-moeda[171], mas os bancos podem criá-lo abstratamente, negociando seu valor através de empréstimos.

Nos últimos quarenta anos, desde que o sistema "fiat" se tornou a regra global, a oferta de dinheiro cresceu exponencialmente. De fato, temos visto o maior crescimento da oferta de moeda na história. Mas quem se beneficia com isto? Claramente, àqueles que possuem o poder de emitir tal papel-moeda, ou seja, os governos e os bancos, bem como se beneficiam, em seguida, as empresas e particulares que chegam primeiro a este dinheiro recém-criado. Estes, podem gastá-lo antes que o preço das coisas que querem comprar suba, em resposta ao novo dinheiro em circulação.

Em outras palavras, eles recebem serviços, produtos e bens mais baratos. Mas os preços sobem em pouco tempo. Assim, os titulares de bens, como casas ou ações, terão ganhos sem que haja necessariamente feito melhorias na empresa ou casa em questão. O que muitas vezes levam a bolhas especulativo-financeiras. Mas, e os que estão no fundo ou na base da pirâmide financeira e que possuem salários ou rendimentos fixos, aqueles que vivem em zonas remotas ou detentores de poupanças, o que acontece com eles? No momento em que o dinheiro recém-criado chega até eles, os preços das coisas que querem comprar já aumentaram, suas poupanças renderão menos e seus salários continuarão inalterados. Na maioria dos casos, estes acabam contraindo dívidas para conseguirem pagar o que antes

---

[170] Para maior aprofundamento no tema ver https://www.g44.com.br/en/blog/quem-decide--valorizacao-de-uma-moeda, e https://www.g44.com.br/en/blog/moedas-fiat-vs-criptomoedas, ambos acessados em 29 de agosto de 2018.
[171] BRASIL, Constituição Federal. Art. 21: "Compete à União: (...) VII – emitir moeda; (...)". Art. 164: "A competência da União para emitir moeda será exercida exclusivamente pelo banco central.".

conseguiam comprar, o que significa é claro, que eles devem recorrer de volta aos bancos. Na realidade, este processo de criação de dinheiro apenas redistribui riqueza do fundo para o topo da pirâmide.

Assim, o crescente fosso entre ricos e pobres torna-se cada vez maior. E a elite permanece no poder, com maior poder ainda. Por exemplo, nos Estados Unidos da América, por cada dólar do Produto Interno Bruto criam-se 5,50 (cinco dólares e cinquenta centavos) de dívida[172]. Não nos livramos de uma dívida contraindo mais dívidas ainda. De todo o dinheiro do mundo hoje, 97% é considerado dívida[173], corroborando com o que Voltaire certa vez disse: "todo o papel-moeda regressa, eventualmente, ao seu valor intrínseco, que é zero.", evidenciando que algo se perdeu pelo caminho da economia.

Por três gerações, o mundo assistiu a luta entre o Capitalismo e o Comunismo. Mas por volta dos anos 80, a economia da Rússia entrou em colapso e a União Soviética, então, se rendeu e, o Capitalismo imperou desde então. Mas isto não quer dizer que ele não possui falhas ou pontos negativos. O Comunismo falhou por inúmeras razões, claro, era ineficiente, desrespeitou os direitos humanos e afastou investidores, o que colocou o Ocidente Capitalista em um estado de triunfo contínuo. Mas ambos os sistemas estão tentando algo fundamentalmente impossível de se realizar: crescer para sempre em um mundo de recursos escassos[174]. Um já falhou, e o segundo está a falhar da forma que estamos andando. Talvez Milton Freedman e os "chicago boys"[175] sejam os culpados, quando sua ideologia neoclássica der-

---

[172] ASHCROFT, Ross. *Four Horseman Documentary*. A renegade Economist Film, disponível em renegadeeconmist.com ou https://www.youtube.com/watch?v=5fbvquHSPJU&t=584s, acesso em 25 de agosto de 2018.

[173] THOMAS, Ryland; RADIA, Amar; MCLEAY, Michael. Money creation in the modern economy. Quaterly Bulletin Article (2014 Q1). Bank's Monetary Analysis Directorate of the Bank of England, disponível em http://www.bankofengland.co.uk/publications/Documents/quarterlybulletin/2014/qb14q1prereleasemoneycreation.pdf, acesso em 25 de agosto de 2018.

[174] Para maior aprofundamento na matéria, ver STIGLITZ, Joseph E. Making globalization work. New York: W.W.Norton & Company, 2006.

[175] Nome atribuído a um grupo de aproximadamente vinte e cinco jovens economistas chilenos que formularam a política econômica da ditadura de Augusto Pinochet, pioneiros do pensamento liberal econômico, alunos de pós-graduação de Milton Freedman na Universidade de Chicago, cujas ideias foram posteriormente adotadas por Margaret Thatcher no Reino Unido. Para maior aprofundamento, ver KANGAS, Steve. The Chicago boys and the Chilean "economic miracle", ou VILLAROEL, Gilberto. La herencia de los "Chicago boys". Santiago

rotou a abordagem clássica da economia e tornou-se a estrutura do que hoje experimentamos como desdobramentos do Capitalismo de mercado atual.

Isto porque, há duas principais abordagens econômicas que determinam como gerimos o mundo e como distribuímos a riqueza nele existente. São as escolas clássica e neoclássica de economia. A escola clássica defende menos interferência do governo, mais autonomia pessoal e reconhece que os seres humanos não podem funcionar ou se desenvolver sem a utilização de recursos naturais. A escola neoclássica da economia, que atribui menos importância aos recursos naturais advoga que o governo deve gerir a economia, resolver os problemas sociais e deixar o livre mercado responsável sobre a distribuição da riqueza. Esta última escola, surgiu há cerca de 100 (cem) anos, devido ao desejo dos investidores em proteger os seus bens. Significa dizer que os modelos matemáticos neoclássicos foram desconectados e/ou desviados da realidade dos fatos observáveis. Baseiam-se no que deve ser, ao contrário dos modelos clássicos, que se baseiam no que realmente são. São estes modelos econômicos neoclássicos que favorecem grandes empresas, como os bancos, que têm sido usados para legitimar o financiamento da economia global, defendida por Ronald Reagan e Margaret Thatcher, espalhada por todo o mundo ocidentalizado[176], a economia neoclássica continua a dominar a formulação de políticas públicas em nossos dias e, inclusive, em nosso país.

Neste contexto, em 1932, no ápice da Grande Depressão Americana, aprovou-se uma legislação para proteger a população estadunidense: a Glass-Steagall Act que instituía a separação entre bancos comuns e bancos de investimento em claro modelo clássico de gerência da economia. Mas que, 67 anos mais tarde (em 1999), sob a influência do secretário do Tesouro, Larry Summers, e do seu antecessor Robert Rubin, foi revogado pelo presidente Bill Clinton, possibilitando mais uma vez que os bancos utilizassem o dinheiro de depósitos para especular no que bem entendessem[177]. Estas apostas e especulações irrestritas deixaram o sistema financeiro global à beira do colapso. Com saldos e obrigações de dívida maiores

---

do Chile: BBC Mundo.com – América Latina, de 10 de dezembro de 2006, disponível em http://news.bbc.co.uk/hi/spanish/latin_america/newsid_3192000/3192145.stm, acesso em 25 de agosto de 2018.

[176] FERGUSON, Niall. *A grande degeneração*. São Paulo: Planeta, 2013, p. 44.
[177] Idem, p. 35.

do que o PIB de países inteiros, os bancos tornaram-se demasiadamente grandes para falhar. O Ocidente não estava preparado e os banqueiros dirigiram-se aos seus governos desorientados para serem resgatados[178].

Mas então surge problema maior, se estamos mesmo diante de um sistema capitalista, onde o Estado deveria ser mínimo, por que atualmente estamos diante de um Estado cada vez maior e mais invasivo do que nunca? Ignorou-se o alerta de Frederic Bastiat: "Não esperar senão duas coisas do Estado: Liberdade e Segurança, e ter bem claro que não se poderia pedir mais uma terceira coisa, sob o risco de perder as outras duas."[179]. No sistema capitalista os particulares e as empresas deveriam atuar num mercado livre, onde as boas empresas deveriam ser recompensadas com lucros e as más empresas deveriam fracassar. Mas durante a crise bancária de 2008, viu-se o sistema econômico ocidental dividido de uma forma que nunca se julgou possível: Socialismo para os ricos, capitalismo para os pobres! Os bancos tiveram problemas financeiros e com isso o Estado os ajudou, resgatando-os da crise. O que demonstra que quando o contribuinte paga a conta da má especulação dos bancos, em vez de a economia servir o cidadão, o cidadão fica preso ao serviço perpétuo de empresas financeiras amorais.

Foi o diretor do Banco de Reserva Federal, Alan Greenspan, que depois do ocorrido em 11 de setembro de 2001, cortou as taxas de juro para encorajar os empréstimos[180]. Os banqueiros precisavam de novos participantes para manter o dinheiro circulando num sistema que se tornara um esquema em pirâmide global. O dinheiro recentemente criado, então, entrou no mercado imobiliário que gerou uma inflação sem precedentes[181] onde os preços das casas subiam continua e constantemente. Alguns cientistas

---

[178] "Lehman Brothers recorre à lei de falências", matéria jornalística veiculada em 15 de setembro de 2008, disponível em http://g1.globo.com/Noticias/Economia_Negocios/0,,MUL760121-9356,00-LEHMAN+BROTHERS+RECORRE+A+LEI+DE+FALENCIAS.html, acesso em 25 de agosto de 2018.
[179] BASTIAT, Frédéric. *Ensaios*. Tradução dos textos selecionados em Oeuvres completes de Frédéric Bastiat e Mélanges d'economie politique. Rio de Janeiro: Instituto Liberal, 1989, p. 4.
[180] Disponível em http://www.bbc.com/portuguese/noticias/2001/010131_economia2.shtml, acesso em 25 de agosto de 2018.
[181] Disponível em http://g1.globo.com/Noticias/Economia_Negocios/0,,MUL766677-9356,00-COMPARE+A+ATUAL+CRISE+DOS+EUA+COM+OS+PIORES+MOMENTOS+ECONOMICOS+DA+HISTORIA.html, acesso em 25 de agosto de 2017.

econômicos disseram que as mães foram forçadas a voltar a trabalhar para pagar empréstimos habitacionais e que o sonho anglo-americano se focou na especulação imobiliária. Além de aumentar a quantidade de moeda, a expansão do crédito pelo sistema bancário teve outro efeito nocivo na economia: a formação de ciclos econômicos, conforme Fernando Ulrich[182]:

> Foi a redução artificial dos juros pelo Federal Reserve que deu inicio ao boom no setor imobiliário americano logo após o estouro da bolha da internet, em 2001 – que, por sua vez, foi também precedida por um período de expansão monetária orquestrada pelo Federal Reserve. Anos de crédito farto e barato levaram a um superaquecimento da economia americana, em especial o setor da construção civil, inflando uma bolha imobiliária de proporções catastróficas. E para piorar ainda mais o cenário, os principais bancos centrais do mundo seguiam a mesma receita de juros baixos para estimular a economia, formando bolhas imobiliárias em outros países também.

Assim, o problema todo eclodiu e residiu no momento em que os indivíduos tomaram as dívidas como dívidas que são, e as procuraram liquidar. As execuções de hipoteca da *Wells Fargo* e os empréstimos de alto risco desses e outros bancos prejudicaram a então indústria financeira. Os *subprimes* de 2008, como ficaram conhecidos, trouxeram à tona que grande parte do Ocidente é governado por grandes empresas, muitas vezes por empresas que não se interessam muito pelo futuro econômico dos indivíduos, o que diametralmente se opõe ao clamor por maior confiança de muitos regimes, de acordo com as palavras de Roberto Senise Lisboa[183]:

> A confiança tornou-se a expressão política dos regimes atuais. Busca-se o *ethos* da confiança, a fim de que a pessoa se livre da obsessão de segurança absoluta, já que confiar no outro pressupõe um mínimo de riscos. É indispensável, pois, uma segurança proporcional decorrente do sistema jurídico existente e de políticas governamentais que obtenham êxito em atingir referido objetivo, incrementando-se adequadamente as atividades produtivas e de consumo.

---

[182] ULRICH, Fernando. *Bitcoin*: a moeda na era digital. São Paulo: Instituto Ludwig Von Mises Brasil, 2014, p. 35.
[183] LISBOA, Roberto Senise. *Confiança Contratual*. São Paulo: Atlas, 2012, p. 7.

DA RELAÇÃO JURÍDICA

Isto fica mais evidente ainda ao percebermos que, quando fora aprovado o resgate do *Lehman Brothers*, após seu colapso, 80% da população americana se mostrava contrária ao resgate[184]. Fora isso, em setembro de 2008, menos de um mês antes da queda da bolsa americana, O *Goldman Sachs*, um suposto pilar do mercado livre global, mudou seus estatutos passando de banco de investimento para banco comercial, o que lhe tornaria elegível para proteção ou resgate por parte do Estado Americano[185]. No entanto, o congresso americano aprovou o resgate do *Lehman Brothers* (o que não impediu sua falência[186]), mas ao menos sinalizou que o sistema financeiro está no controle do governo e que os cidadãos não confiam mais neste esquema de poder. Para alguns, é a total falência do Estado Social, para outros, seu triunfo.

Além de não ser um reflexo de uma boa democracia, quando uma empresa, um grupo de empresas ou uma dita indústria do financiamento, diz que seus interesses são mais importantes do que o da população, configura-se uma oligarquia avançada e inescrupulosa; que não passaria despercebida ou sem disputa perante a sociedade. Nesta senda de desconfiança total nas instituições financeiras e/ou intermediárias das relações humanas e sociais, o ser em sociedade passou a questionar sua relação com o dinheiro, principalmente no tocante à sua existência, necessidade e desenvolvimento, que de acordo com Niall Ferguson[187]:

> ... o dinheiro é uma questão de confiança, talvez de fé: confiança na pessoa que está nos pagando, confiança na pessoa que emite o dinheiro que ele usa, ou na instituição que honra os seus cheques ou as suas transferências. O dinheiro não é metal. É confiança registrada. E não parece importar muito onde é registrada: sobre a prata, sobre a argila, sobre uma tela de cristal líquido.

---

[184] Disponível em http://www.huffpostbrasil.com/entry/bank-bailout-opinion-harris_n_1415647, acesso em 26 de agosto de 2017.
[185] Disponível em http://www.rtp.pt/noticias/economia/goldman-sachs-e-morgan-stanley--querem-proteccao-da-fed_n96838, acesso em 26 de agosto de 2017.
[186] Disponível em http://acervo.oglobo.globo.com/em-destaque/apos-crise-global-estourar--em-2008-bancos-receberam-socorros-bilionarios-13495994, acesso em 29 de dezembro de 2017.
[187] FERGUSON, Niall. *A ascensão do dinheiro*: a história financeira do mundo. São Paulo: Editora Planeta do Brasil, 2009, p. 26.

Prossegue ainda o autor, ao descrever a ascensão do dinheiro atrelada à confiança e ao surgimento de instituições intermediadoras que[188]:

> A inovação financeira retirou a prata inerte de Potosí e a transformou na base para um moderno sistema monetário, com relacionamentos entre credores e devedores, garantidos ou "intermediados" por instituições, progressivamente numerosas chamadas bancos. A função essencial dessas instituições era, então, reunir informação e administrar os riscos. Sua fonte de lucros reside em maximizar a diferença entre os custos da soma total dos seus riscos e os ganhos dos seus ativos sem reduzir as reservas a tal ponto que o banco fique vulnerável a uma corrida – uma crise de confiança na capacidade do banco de satisfazer os depositantes que provoca retiradas progressivas e, em última instância, a falência, a bancarrota: literalmente, a quebra do banco.

Desde então, todas as atividades que envolvem a "troca" de bens e serviços eram estabelecidas pelo dinheiro e intermediadas ou validadas por meio dos bancos. Isto porque não existe um item ou insumo na economia que seja amplamente aceito por todos os indivíduos na troca de bens e serviços, se não o papel-moeda. Se assim não o fosse, as pessoas dependeriam da troca direta de bens, mas uma economia baseada na troca direta não gere efetivamente seus recursos. Neste caso, as trocas só se realizariam na presença de uma dupla coincidência de desejos, que a moeda torna mais fácil, se não, verdadeiramente viável. Todos aceitam amplamente o dinheiro, o que também pode ser observado nas relações realizadas por meio digital.

Ocorre que, o comércio na Internet passou a confiar quase que exclusivamente nestas instituições financeiras que atuam como terceiros confiáveis para processar pagamentos eletrônicos, através muitas vezes do *PayPal* ou *PagSeguro*, das empresas de cartão de crédito, como Visa e Mastercard, ou outra plataforma de pagamento eletrônico. Embora o sistema funcione bem o suficiente para a maioria das transações, ele ainda sofre com as fraquezas inerentes ao modelo baseado em confiança, principalmente após a crise de 2008 e dependem da presença de bancos em ambas as pontas. As transações totalmente não-reversíveis não são realmente possíveis, já que as instituições financeiras não podem evitar a mediação das disputas.

E aqui despontam os questionadores do dinheiro e da fidúcia necessária às instituições que o gerem. O custo da intermediação por empre-

---

[188] Idem, p. 42.

sas financeiras ou bancos aumentam os custos de transação, limitando o tamanho mínimo e prático da transação, cortando, também, a possibilidade de pequenas e casuais transações. Com a possibilidade de reversão das transações (fraude bancária, invasões ou ataques cibernéticos, etc.), a necessidade de confiança se espalha – num cenário em que se encontra em falta, como acima apontamos. Logo, todo aquele que procura comercializar em rede deve se preocupar com quem está na condição de seu cliente, incomodando-os com formulários para obtenção de maiores informações pessoais, muitas vezes supérfluas e desnecessárias para a transação em si, mas requeridas sobre o pretexto da segurança. Assim, uma certa porcentagem fraudulenta é, invariavelmente, aceita ou relevada como inevitável ou risco intrínseco da atividade.

Esses custos e incertezas de pagamento podem ser evitados de forma pessoal se usando a moeda física e a troca direta, mas não há mecanismo seguro para fazer pagamentos através de um canal de comunicação sem a presença de uma parte confiável ou que valide a confiança, ou seja, a presença dos intermediadores; que aliada à premente falta de confiança nas instituições geraram um ânimo no indivíduo na busca por administrar os próprios bens e serviços, consubstanciado em seu dinheiro – seja ele movimentado física ou virtualmente –, já que as instituições financeiras buscam seu próprio interesse e não o da coletividade, como disse Don Tapscott[189]:

A confiança nas empresas e nas outras organizações está na maior baixa de todos os tempos. O "Barômetro da Confiança" de 2015, da agência de relações públicas Edelman, indica que a confiabilidade nas instituições, especialmente nas companhias, recuou para os níveis mais baixos desde a grande recessão de 2008.

Neste cenário, o que se torna necessário é um sistema de pagamento eletrônico baseado em prova criptográfica em vez de simples confiança institucional, permitindo que duas partes dispostas a transacionar façam transações diretamente entre si, sem a necessidade de um terceiro confiável e intermediador necessário. Liga-se as pontas do prestador de serviço ou vendedor de bens ao comprador de bens ou interessado na prestação do serviço, através de ferramentas computacionais e distributivas concentradas em um algoritmo – Conjunto de regras e operações bem definidas

---

[189] TASPCOTT, Don. *Blockchain Revolution*: como a tecnologia por trás do Bitcoin está mudando o dinheiro, os negócios e o mundo. São Paulo: SENAI-SP Editora, 2016, p. 41.

e ordenadas, destinadas à solução de um problema ou classe de problemas em número finito de etapas[190]. É o que propôs Satoshi Nakamoto (cuja identidade real ainda não foi revelada, e que muitos acreditam não se tratar de um único indivíduo, mas sim um grupo de pessoas) em seu trabalho de apresentação do Bitcoin e sua tecnologia *Blockchain*, assim discorre[191]:

---

[190] FERREIRA, Aurélio Buarque de Holanda. *O Dicionário da Língua Portuguesa*. Curitiba: Positivo, 2010. A implementação de um algoritmo pode ser feita por um computador, outro tipo de autômato ou mesmo por um ser humano. Um algoritmo não representa, necessariamente, um programa de computador, mas sim os passos necessários para se realizar uma tarefa. Muitos são os historiadores e etimólogos que discorrem sobre a origem do termo algoritmo, mas a história mais propagada a seu respeito é a do matemático e astrônomo árabe Abu Al-Khowarizmi, autor traduzido para o latim no século XII, a quem se atribui a entrada da álgebra e das operações aritméticas na Europa Ocidental.

[191] NAKAMOTO, Satoshi. *Bitcoin: A Peer-to-Peer Electronic Cash System*. Disponível em https://bitcoin.org/bitcoin.pdf, acesso em 29 de novembro de 2017. Em tradução livre: "O comércio na Internet passou a depender quase que exclusivamente de instituições financeiras que servem como terceiros confiáveis para processar pagamentos eletrônicos. Enquanto o sistema funciona bem o suficiente para a maioria das transações, ele ainda sofre com as fraquezas inerentes do modelo baseado em confiança. Transações completamente não reversíveis não são realmente possíveis, uma vez que as instituições financeiras não podem evitar a mediação de disputas. O custo da mediação aumenta os custos de transação, limitando o tamanho prático-mínimo da transação e cortando a possibilidade de pequenas transações casuais, e há um custo mais amplo na perda da capacidade de fazer pagamentos não reversíveis para serviços não reversíveis. Com a possibilidade de reversão, a necessidade de confiança se espalha. Os comerciantes devem estar atentos aos seus clientes, requisitando mais informações do que realmente precisam. Uma certa porcentagem de fraude é aceita como inevitável. Esses custos e incertezas de pagamento podem ser evitados usando-se moeda física pessoalmente, mas não há nenhum mecanismo que efetue pagamentos, em um canal de comunicação, sem uma parte confiável. O que é necessário é um sistema de pagamento eletrônico baseado em prova criptográfica em vez de confiança, permitindo que duas partes interessadas negociem diretamente entre si, sem a necessidade de um terceiro confiável. As transações que são computacionalmente impraticáveis de reverter protegeriam os vendedores das fraudes, e mecanismos de depósito de rotina poderiam ser facilmente implementados para proteger os compradores. Neste artigo, propomos uma solução para o problema do gasto duplo usando um servidor de timestamp distribuído peer-to-peer para gerar prova computacional da ordem cronológica das transações. O sistema é seguro desde que os nós honestos controlem coletivamente mais energia de CPU do que qualquer grupo colaborador de nós atacantes.

DA RELAÇÃO JURÍDICA

Commerce on the Internet has come to rely almost exclusively on financial institutions serving as trusted third parties to process electronic payments. While the system works well enough for most transactions, it still suffers from the inherent weaknesses of the trust-based model. Completely non-reversible transactions are not really possible, since financial institutions cannot avoid mediating disputes. The cost of mediation increases transaction costs, limiting the minimum practical transaction size and cutting off the possibility for small casual transactions, and there is a broader cost in the loss of ability to make non-reversible payments for non- reversible services. With the possibility of reversal, the need for trust spreads. Merchants must be wary of their customers, hassling them for more information than they would otherwise need. A certain percentage of fraud is accepted as unavoidable. These costs and payment uncertainties can be avoided in person by using physical currency, but no mechanism exists to make payments over a communications channel without a trusted party. What is needed is an electronic payment system based on cryptographic proof instead of trust, allowing any two willing parties to transact directly with each other without the need for a trusted third party. Transactions that are computationally impractical to reverse would protect sellers from fraud, and routine escrow mechanisms could easily be implemented to protect buyers. In this paper, we propose a solution to the double-spending problem using a peer-to-peer distributed timestamp server to generate computational proof of the chronological order of transactions. The system is secure as long as honest nodes collectively control more CPU power than any cooperating group of attacker nodes.

O Bitcoin, criado neste trabalho acadêmico supracitado[192] e fundado na tecnologia *Blockchain* – de código aberto a todo aquele que acessa o site de seus idealizadores[193]–, apresenta e a define como um moeda digital, ou criptomoeda, *peer-to-peer* (par a par ou, simploriamente, de ponto a ponto) de código aberto e disponível na rede mundial de computadores e que não depende de uma autoridade central confiável. Entre muitas outras coisas, o que faz o Bitcoin chamar a atenção é o fato de ter sido o primeiro sistema de pagamentos global totalmente descentralizado.

Exemplificando, até o momento da criação do Bitcoin, se X pretendia enviar 50 unidades monetárias de determinada moeda a Y, por meio da internet, X dependeria dos serviços de terceiros como o PagSeguro,

---

[192] NAKAMOTO, Satoshi. *Bitcoin: A Peer-to-Peer Electronic Cash System*. Disponível em https://bitcoin.org/bitcoin.pdf, acesso em 26 de agosto de 2018.
[193] Ver www.bitcoin.org, acesso em 26 de agosto de 2018.

que por ser um intermediador mantém um registro dos saldos em conta dos clientes que a utilizam, assim debitando da conta de X e creditando na conta de Y. Sem tais intermediários, é claro, certa quantia de unidades monetárias poderiam ser gastas duas vezes por meio digital. Imagine por um instante que o dinheiro digital seja simplesmente uma foto ou um arquivo de computador. Se o anexássemos a um e-mail para determinado remetente, uma cópia deste permaneceria no computador de quem o enviou. Em ciências da computação tal problemática é intitulada de "gasto duplo" e até o advento das criptomoedas, essa questão só poderia ser solucionada por meio de um terceiro de confiança que empregasse um registro histórico de transações anteriormente realizadas.

Pela primeira vez, o problema do gasto duplo pôde ser solucionado sem a presença necessária de um intermediador e "guardião da história", pois a tecnologia *Blockchain* distribui o imprescindível registro do histórico de transações anteriores a todos os usuários do sistema, por meio de uma rede *peer-to-peer*. Isto é, todas as transações que ocorrem na "economia bitcoin" são registradas numa espécie de livro-razão ou livro contábil público e distribuído por todos os usuários. Tal livro leva o nome de *Blockchain*, pois denota espécie de corrente ("chain" em inglês) em que cada elo ou bloco (do inglês "block") está ligado ao elo anterior e dele depende para sua existência computacional. Significa dizer que, novas transações são verificadas com as anteriores contra o *Blockchain* de modo a assegurar que os mesmos bitcoins (ou outra moeda baseada no mesmo processo) sejam gastos duas vezes e enviados para dois destinatários diferentes e possíveis. A rede global *peer-to-peer* torna-se o intermediário necessário, sem interesses escusos, sem elite dominante, sem confusão de interesses, que geram confiança abalável. Segundo William Mougayar[194]:

> Os Blockchains liberam a confiança, que está nas mãos de instituições centrais (tais como bancos, legisladores, financiadores, governos, grandes corporações), e permitem que ela se esvaia desses velhos pontos de controle. (...) Os blockchains colocam as funções de segurança em liberdade, assim como instituições medievais foram forçadas a ceder o controle da impressão.

---

[194] MOUGAYAR, William. Blockchain para negócios: promessa, prática e aplicação da nova tecnologia da internet. Rio de Janeiro: Alta Books, 2017., p. xxviii.

DA RELAÇÃO JURÍDICA

Satoshi define sua moeda eletrônica como uma cadeia de assinaturas digitais, onde cada proprietário transfere a moeda para o próximo, assinando, digitalmente, a transação anterior e a chave pública do próximo proprietário, adicionando estas ao final da cadeia da moeda[195]. Por menores, existem chaves privadas e chaves públicas que tornam todo o processo criptografado. As chaves privadas só são de conhecimento de seus proprietários e as chaves públicas de conhecimento geral. Com isso, um beneficiário da moeda digital pode verificar as assinaturas e assim perceber a cadeia de propriedade até então, evitando-se o gasto duplo (tudo isto através de um algoritmo computacional). Logo, se um proprietário quiser, de alguma forma, assinar posteriormente a moeda, tentando gastá-la duas vezes, não haverá problemas ou possibilidade, uma vez que o que importa é a transação mais antiga (catalogada e ligada à corrente pelo sistema *Blockchain*). Mas para que o sistema seja confiável, e que seja possível identificar ou confirmar a ausência de uma transação, é necessário estar ciente de todas as transações, razão pela qual todas elas são transparentes e publicamente anunciadas em cada "livro-razão" contido no computador do proprietário de uma moeda, que é intitulado de *node* (nó ou nódulo da teia descentralizada de computadores).

A cada transação feita, os inúmeros nódulos consentem – por meio de um algoritmo computacional – sobre as transações mais antigas, ligando as posteriores conforme seu surgimento, formando então a grande corrente de blocos e suas transações. Isto se dá pela ausência de um servidor central, pela presença de um sistema em rede classificado como *timestamped* (carimbo-tempo em tradução livre), ou seja, cada moeda transacionada é "carimbada" com a data de sua realização, bem como com a data anterior em que foi anteriormente transacionada, assim, cada carimbo posterior reforça os anteriores presentes na corrente.

Por fim, para que o sistema funcione e novos blocos surjam, os computadores (que possuindo o "livro-razão" gastam energia computacional para verificar cada transação como um nódulo do sistema, realizando os algoritmos) solucionam o que se convencionou chamar de *"proof-of-work"* – ou prova de trabalho –, ganham unidades monetárias e o "direito" de inscrever transações no bloco recém "encontrado", de tal forma que cada

---

[195] NAKAMOTO, Satoshi. Bitcoin: A Peer-to-Peer Electronic Cash System, p. 2. Disponível em https://bitcoin.org/bitcoin.pdf, acesso em 29 de novembro de 2017.

computador trabalha para encontrar um valor ao algoritmo e tem como consequência a formação de um novo bloco e, portanto, para se modificar tal bloco (fraudulentamente ou dolosamente) seria necessário se refazer todo o trabalho de todos os computadores que encontraram todos os blocos anteriores (desde 2008, quando de sua criação). Por esta razão, não há um intermediário nem fraudes aceitáveis, pois o trabalho é computacionalmente inviável e sobremaneira oneroso, trazendo confiança e segurança ao processo. Este processo é comumente conhecido como "minerar" bitcoins, uma vez que muitos procuram montar computadores capazes de realizarem tais contas matemáticas infinitesimais do algoritmo criado por Satoshi, na esperança de ao encontrar um bloco ser recompensado com um valor monetário da moeda em questão. Assim, como resume William Mougayar[196]:

> Tecnicamente, o blockchain é um banco de dados de *back-end* que mantém um registro distribuído que pode ser inspecionado abertamente. Em modelos de negócios, o blockchain é uma rede de troca para movimento de transações, valores, ativos entre pares, sem a assistência de intermediários. Legalmente falando, o blockchain valida as transações, substituindo entidades anteriormente confiáveis.

O *Blockchain*, portanto, reúne capacidades técnicas, corporativas e legais em uma única ferramenta algorítmica, sem a necessidade de um intermediário confiável que a valide por trás de tudo, isto é, no *back-end* o algoritmo e os nódulos calculam, consentem e agrupam os blocos e transações do que está acontecendo na rede e, assim, todas as transações são transparentes e apresentadas no *front-end*[197] de cada "livro-razão" dentro do sistema. Não é um banco, órgão ou intermediador que garante a existência e troca da moeda, mas todos os que a possuem, produzem e transacionam que garantem sua existência e troca. Por esta mesma razão que as criptomoedas causam tanto espanto quanto admiração em nossos dias.

[196] MOUGAYAR, William. *Blockchain para negócios*: promessa, prática e aplicação da nova tecnologia da internet. Rio de Janeiro: Alta Books, 2017., p. xxviii.
[197] Para maior aprofundamento na matéria de back-ends e front-ends ver https://becode.com.br/back-end-front-end-full-stack/, acesso em 26 de agosto de 2018.

Para tanto, cada vez mais as transações *peer-to-peer* ganham espaço no mundo globalizado. O que significa dizer que os intermediários estão perdendo seu espaço, permitindo que o cliente final pague menos pelo que adquire e os fornecedores, especializados em suas soluções, ganhem maiores margens. É a liberdade que o algoritmo traz ao indivíduo. Inclusive, é o caso de muitas criptomoedas que vêm surgindo no mercado digital. Um caso emblemático é o da criptomoeda *Ethereum*[198], também baseada na tecnologia *Blockchain*, mas que se especializa nos chamados *smart contracts*[199], ou contratos inteligentes inseridos nos blocos, em que além das opções de segurança e confiança já explicadas acima, podem ser inseridos outros algoritmos nos blocos encontrados, que nada mais são do que protocolos autoexecutáveis, portanto geridos computacionalmente, que vinculam as transações realizadas à ocorrência de outra consequência que não a simples transferência da moeda digital, como por exemplo, a entrega de um arquivo ou conteúdo digital, que obrigam as partes envolvidas.

Como todo contrato, um *smart contract* deve envolver duas ou mais partes, mas ao invés de serem escritos em papel com linguagem jurídica, são implementados por linguagem de programação e executados em computador, sem o necessário envolvimento humano prático e pessoal. Eles surtirão seus efeitos computacionais pré-determinados com a devida transação da moeda digital que os contem, o que nitidamente reduz custos de transação e execução, que consequentemente reduzirão os preços para o consumidor. Cada nó na rede *peer-to-peer* funciona como um registro de título e como uma garantia, executando mudanças de propriedade e regras automaticamente verificáveis que governam essas transações e que ao mesmo tempo verificam a mesma atividade dos outros nós. É o caso, por exemplo, da *musicoin*[200], criptomoeda voltada para o mercado da música com contratos inteligentes de fornecimento de faixas sonoras ou *streaming*[201], con-

---

[198] Ver www.ethereum.org, acesso em 26 de agosto de 2018.
[199] Ver http://cryptorials.io/a-beginners-guide-to-smart-contracts/, acesso em 26 de agosto de 2018.
[200] Ver www.musicoin.org, acesso em 26 de agosto de 2018.
[201] Streaming é uma tecnologia que envia informações multimídia, através da transferência de dados utilizando-se de redes de computadores, especialmente através da Internet, criada para tornar as conexões entre usuários o mais rápidas possíveis. Um grande exemplo de streaming é o site Youtube, que utiliza essa tecnologia para transmitir vídeos em tempo real para

teúdo exclusivo de relacionamento entre músicos e seu respectivo público.

Há, portanto, uma clara tendência de relações mais diretas e fortalecidas pela ausência de intermediários através da utilização de plataformas como o *blockchain* e as criptomoedas, uma vez que as transações *peer-to-peer* tendem a ser muito mais eficientes em escala global, do que o modelo atual – no qual cada agente do mercado possui sua própria solução verticalizada. Esta tendência pode ser contrastada no mercado da música comercial e o papel desenvolvido pelo ECAD, um intermediário entre os artistas e seus consumidores, que também pode perder seu espaço, uma vez que "na obediência entra uma parte enorme de crença, de confiança, de crédito. O poder pode estar fundado apenas na força, ser sustentado somente pelo hábito, mas não poderia crescer senão pelo crédito..."[202], como nos disse Bertrand de Jouvenel.

As possibilidades são gigantescas quando aliamos o pensamento humano, os algoritmos e as máquinas ou softwares criados a partir deles. Ampliam-se, portanto, os espectros e possibilidades dos fatos sociais, assim como as relações jurídicas deles advindas, as quais passaremos a aprofundar em seguida, todas prementemente em ávido crescimento e desenvolvimento nesta Sociedade de Hiperconsumo potencializada pela Sociedade da Informação. Tamanhas são as transformações que vivenciamos atualmente, que os sujeitos da relação jurídica também enfrentam uma grande releitura contrastada a princípios constitucionais, tais como o Princípio da Dignidade da Pessoa Humana, tão em voga nos inúmeros tratados internacionais e nas decisões judiciais das supremas cortes, em que o anterior sujeito abstrato de direitos se torna pessoa de direitos, fatos que analisaremos a seguir, sob as perspectivas de Stefano Rodotà e a ótica de Gustavo Tepedino.

---

inúmeros usuários. Em inglês, a palavra stream pode ser traduzida como córrego ou riacho, e por isso a palavra streaming tem estreita relação com o fluxo de informações trocadas, sendo que no âmbito da tecnologia, indica um fluxo de dados ou conteúdos multimídia transferíveis. Muitas pessoas assistem filmes, seriados ou jogos de futebol através desta tecnologia. Para maior aprofundamento ver https://www.sitehosting.com.br/streaming/, acessado em 26 de agosto de 2018.

[202] JOUVENEL, Bertrand de. *O poder*: história natural de seu crescimento. São Paulo: Peixoto Neto, 2010, p. 47.

1.3 As Relações Patrimoniais e Existenciais: o Direito Civil Constitucional

A constitucionalização do direito civil, também chamada de direito civil constitucional, nada mais é do que a injunção de uma leitura dos institutos e cominações de Direito Civil conforme a Constituição Federal. A norma não perde seu caráter entre particulares nem deixa de ser de direito privado, mas toma o direito privado interpretado conforme a Constituição. A concessão de alimentos nas uniões homoafetivas, como por exemplo, é o artigo 1.694, do Código Civil[203] sendo interpretado à luz do princípio da dignidade da pessoa humana e da isonomia constitucionais. De igual forma, o contrato não pode ser utilizado como um instrumento de abuso econômico por uma das partes contratantes, assim, a teoria do contrato é reconstruída com o objetivo de, sem aniquilar a autonomia da vontade, condicioná-la a parâmetros constitucionais, a exemplo da função social do contrato, da boa-fé objetiva e da doutrina da eficácia horizontal dos direitos fundamentais. "Hoje é inconcebível visualizar-se o Direito Privado reduzindo-o ao Código Civil"[204], afirmou, com peculiar adequação, Judith Martins-Costa, reconhecendo o pioneirismo do trabalho de Maria Celina Bodin de Moraes em "A caminho de um direito Civil Constitucional", quando diz encontrar "valor significante de uma mudança no modo de compreender a relação entre Constituição e o direito privado."[205]. Sobre o tema, Anderson Schreiber assim ressalta[206]:

> Nos últimos vinte anos, o que era corrente minoritária entre os civilistas brasileiros parece ter se tornado sucesso absoluto de público e crítica. A expressão "direito civil constitucional", antes restrita a um pequeno círculo acadêmico, aparece hoje em capas de livros, títulos de artigos, ementas de decisões judiciais, programas de concursos públicos e até em panfletos publicitários de cursos preparatórios. Na internet, quem se dispõe

---

[203] BRASIL, Código Civil. Art. 1.694: "Podem os parentes, os cônjuges ou companheiros pedir uns aos outros os alimentos de que necessitem para viver de modo compatível com a sua condição social, inclusive para atender às necessidades de sua educação.".
[204] MARTINS-COSTA, Judith. *Mercado e solidariedade social*. In. MARTINS-COSTA, Judith. A Reconstrução do direito privado: reflexos dos princípios, diretrizes e direitos fundamentais constitucionais no direito privado. São Paulo: RT, 2002, p. 624.
[205] Idem.
[206] SCHREIBER, Anderson. *Direito Civil e Constituição*. In. TERRA, Aline de Miranda Valverde; SCHREIBER, Anderson; KONDER, Carlos Nelson. (coords.). Direito Civil Constitucional. São Paulo: Atlas, 2016, p. 1.

a procurar encontrará o direito civil constitucional não apenas nos sites jurídicos, mas também na Wikipédia, no Orkut e até mesmo no YouTube.

Como já apontamos em capítulo anterior, com a visão dicotômica que dividia o mundo jurídico em Direito público e Direito privado, afloraram as questões ligadas aos fenômenos da publicização do Direito privado e da privatização do Direito público, impelindo o Direito Civil a relacionar-se com o esforço de tornar os direitos fundamentais, trazidos pela Constituição, não só juridicamente eficazes, mas, principalmente, socialmente efetivos no âmbito das relações particulares.

É o triunfo do chamado pós-positivismo, em que o debate acerca de sua caracterização situa-se na confluência das duas grandes correntes de pensamento que oferecem paradigmas opostos para o Direito, e que já afirmamos anteriormente: o jusnaturalismo e o positivismo. Opostos, mas, por vezes, complementares, como no cenário atual em que é assinalada pela superação ou, por que não a sublimação dos modelos puros por um conjunto complexo e abrangente de ideias, agrupadas sob o rótulo genérico de pós-positivismo[207]. Portanto, neste contexto, define-se o direito civil constitucional como uma corrente metodológica que defende a necessidade de permanente releitura do Direito Civil à luz da Constituição, que nas palavras de Pietro Perlingieri trata-se de uma "rilettura del códice civile e dele leggi speciali ala luce dela Costituzione republicana"[208], que visa obter a máxima realização dos valores constitucionais no campo das relações privadas. Nos dizeres de Luiz Edson Fachin, a expressão Direito

---

[207] Outros autores pioneiros no debate e difusão do pós-positivismo foram John Rawls e sua "Teoria da Justiça" de 1980, bem como Ronald Dworkin com seu "Levando os direitos a sério" de 1977 e Robert Alexy, com seu "Teoria dos direitos fundamentais" de 1993. Calsamiglia assim suscita: "En un cierto sentido la teoría jurídica actual se pude denominar postpositivista precisamente porque muchas de las enseñanzas del positivismo han sido aceptadas y hoy todos en un cierto sentido somos positivistas. (...) Denominaré postpositivistas a las teorías contemporáneas que ponen el acento en los problemas de la indeterminación del derecho y las relaciones entre el derecho, la moral y la política". In CALSAMIGLIA, Albert. Postpositivismo. Revista Doxa nº 21: Vol. 1, 1998, 209-220, p. 209. Disponível em http://rua.ua.es/dspace/handle/10045/10389, acesso em 01 de outubro de 2018.
[208] Em tradução livre: "releitura do código civil e das leis especiais à luz da Constituição republicana". In. PERLINGIERI, Pietro. Il diritto civile nella legalità costituzionale. Nápoles: ESI, 2001, p. 189.

Civil Constitucional possui tríplice sentido. Podendo ser compreendida em sentido formal, substancial e prospectivo, da seguinte forma[209]:

> Não se trata de reduzir ambos os fenômenos normativos (Direito Civil e Direito Constitucional) num só horizonte formal, o que é inaceitável, nem de encerrar ali equívocos sistemáticos. Trata-se, de uma parte, da atuação hermenêutica do civilista, tomando a unidade dos direitos fundamentais como limite e como possibilidade, sem que o Direito Civil seja uma ordem pronta e acabada a partir da qual seriam dedutíveis as soluções para a vida concreta das relações sociais.

Assim, e de início, necessário é discorrer brevemente sobre seu desenvolvimento na Europa e no Brasil, para entendermos seu grande papel de influência no ordenamento e nos comportamentos em sociedade, situando-os em seu contexto histórico, cultural e legal: até o final do século XVIII, o Código Napoleônico ainda refletia o individualismo em que se tratava a propriedade, como o mais absoluto direito, sem limitações. O Estado ficava à parte das relações privadas e, com isso, a separação do Direito Público e do Direito Privado se fazia marcante, tornando tais ramos quase como impermeáveis ou insensíveis entre si. Deste modo, o Direito Privado regulamentava os direitos naturais e inatos dos indivíduos, enquanto que o Direito Público derivava do Estado para a tutela dos interesses gerais da coletividade. Isto porque, nesta época, o Iluminismo se abalizou na ideia positivista de que as normas deveriam ser estabelecidas com clareza e segurança jurídica absolutas, por intermédio de uma elaboração rigorosa, a fim de garantir uma irrestrita univocidade e imutabilidade a todas as decisões judiciais, devendo ser o juiz o maior "escravo da lei", neste mundo jurídico de igualdade apenas formal. Neste sentido, Luiz Edson Fachin[210] diz que:

> O Direito Privado, em tal moldura, acaba por se nuclear na "liberdade" dos sujeitos exercida sobre suas propriedades. Embora, na realidade fática, o direito restrinja suas garantias – e, mais especificamente, o Direito Privado, sua disciplina jurídica – aos proprietários de bens, a legitimação do status quo é oferecida pelo discurso de igualdade, que por evidente se coloca apenas no âmbito formal.

---

[209] FACHIN, Luiz Edson. *Direito Civil*: sentidos, transformações e fim. São Paulo: Renovar, 2014, p. 8.
[210] FACHIN, Luiz Edson. *Direito Civil*: sentidos, transformações e fim. São Paulo: Renovar, 2014, p. 14.

Contudo, com o nascimento da ideia moderna de Estado, a partir do século XIX, alguns papéis, que antes eram incumbidos exclusivamente à iniciativa privada, passam a experimentar uma maior atuação do Estado. Conjuntamente com o processo de industrialização, e por que também não, seus abusos no trato com a exploração laboral, transforma-se a ideia de que a propriedade é direito soberano e absoluto, devendo esta ser vinculada a um interesse coletivo, forçando o Direito Civil a se redimensionar ou se reestruturar.

Mas é com o pós-Segunda Grande Guerra que seu ápice desponta, no qual as constituições terminam por descrever conteúdos normativos mais amplos, quando diversas nações decidiram editar normas constitucionais capazes de refletir seu comprometimento com a preservação da democracia, com a solidariedade social e com a proteção da dignidade da pessoa humana. Por razões óbvias, tal necessidade foi defendida de modo mais imediato nos países cujos regimes autoritários saíram derrotados do conflito mundial armado; é a razão pela qual a Constituição Italiana foi promulgada em 1947 e a Constituição Alemã foi promulgada em 1949. Em países onde o autoritarismo perdurou por período mais longo, as novas Constituições só surgiram décadas mais tarde, como por exemplo, o caso da Constituição Portuguesa de 1976 e a Constituição Espanhola de 1978, promulgadas somente após a derrubada dos regimes salazarista e franquista, respectivamente.

Assim, os regramentos constitucionais desprenderam-se da mera estruturação e organização do Estado, proporcionando uma visão coletiva e social, diferente do seu anterior papel positivista dirigente e organizacional. O problema é que os novos textos constitucionais, fundados em uma visão mais humanista e solidária do direito, chocaram-se frontalmente com as codificações civis, ainda inspiradas na ideologia individualista e patrimonialista que havia sido consagrada com a Revolução Francesa e as demais revoluções burguesas do século XIX. Assim discorrem Deborah Santos e Eduardo Mendes[211]:

---

[211] SANTOS, Deborah Pereira Pinto dos; MENDES, Eduardo Heitor. Função, funcionalização e função social. In. TERRA, Aline de Miranda Valverde; SCHREIBER, Anderson; KONDER, Carlos Nelson. (coords.). *Direito Civil Constitucional*. São Paulo: Atlas, 2016, p. 97.

Na dogmática tradicional do direito civil, os institutos jurídicos foram estruturados sob o viés unicamente patrimonial, com a finalidade de proteger as titularidades dos indivíduos e suas liberdades negativas diante do Estado. Decerto, para a visão positivista do direito, sempre prevaleceu a abordagem estrutural sobre a funcional, ou seja, preocupava-se muito mais saber "como o direito é feito" do que "para que o direito serve".

Embora as raízes do pensamento civil constitucional sejam radicadas profundamente no contexto europeu do pós-guerra, é certo que, ressalvadas suas peculiaridades, a proposta central de releitura do direito civil à luz da Constituição em terras tupiniquins se deu nas últimas décadas do século XX. Se, na Itália e na Alemanha, a derrocada dos regimes autoritários fora o estopim para a promulgação de novas Constituições e a consequente reformulação do direito civil, tal papel se transpôs, no Brasil, ao processo de redemocratização, que se deu ao fim de um longo período de ditadura militar. Obra de um amplo debate jurídico-democrático, a Constituição brasileira de 1988 alçou como valores fundamentais da sociedade brasileira a dignidade da pessoa humana, a solidariedade social, a redução das desigualdades, a erradicação da pobreza, para citar alguns, dentre tantos outros valores de natureza fortemente social e humanista.

Ocorre que, ao mesmo tempo, permanecia em vigor o Código Civil de 1916, que, inspirado na filosofia liberal e individualista mencionada acima, seguia o padrão das codificações europeias dos séculos XVIII e XIX. Não era difícil notar as incongruências e choques existentes entre os valores do Código Civil e os da nova Constituição. Por exemplo, no direito de família, a Constituição consagrava a igualdade entre homens e mulheres em seu artigo 226, parágrafo terceiro, enquanto que o Código civil apontava o marido como "chefe da sociedade conjugal" em seu artigo 233. A falta de harmonia era tanta que todo o Código Civil permanecia ancorado na ampla liberdade de contratar, no livre e irrestrito exercício da propriedade privada e na responsabilidade por culpa, enquanto que a Constituição fundava-se no valor social da livre iniciativa, na função social da empresa e propriedade e na socialização dos riscos. Apenas com o amplo trabalho da jurisprudência, especialmente pela atuação do Superior Tribunal de Justiça, interpretando o direito civil à luz das normas constitucionais que promoveram alterações significativas na aplicação dos institutos tradicionais que se culminou na edição do Código Civil de 2002[212].

Após este período e referidos questionamentos, como já observamos no capítulo anterior, despontou um forte desenvolvimento dos meios de comunicação, que facilitaram a constatação da necessidade de se tutelar determinadas esferas sociais antes não regulamentadas pelo ordenamento privado, razão pela qual há o surgimento de leis excepcionais ou especiais que começam a regulamentar setores antes não disciplinados pelo Código Civil, e que continham princípios aparentemente dissonantes a ele. Diante deste crescente aumento de lacunas do Direito Civil, proporcionado pela mudança exacerbada dos valores e princípios sociais, nasceram as leis especiais que disciplinam determinados temas mais amplos, afastando-se de caracteres excepcionais.

É, precisamente nesta fase, que o Código Civil foi perdendo seu caráter exclusivo de disciplinador das relações patrimoniais privadas e que houve a propagação dos chamados microssistemas jurídicos, como por exemplo, o Código de Defesa do Consumidor, o Estatuto da Criança e do Adolescente e o Estatuto do Idoso no ordenamento brasileiro. Com isto, as grandes constituições terminam por ter inseridos, em seus textos, princípios e valores que limitam a autonomia privada e o Código Civil passa de fonte principal e protagonista para uma fonte quase residual da legislação privada, agora repensada e remodelada em razão do princípio da dignidade da pessoa humana. Neste sentido, assim discorre Gustavo Tepedino[213]:

> A dignidade da pessoa humana constitui princípio remodelador das estruturas e da dogmática do Direito Civil brasileiro. Promove a funcionalização das situações jurídicas patrimoniais às existenciais, realizando assim processo de inclusão social, com a ascensão à realidade normativa de interesses coletivos, direitos da personalidade e renovadas situações jurídicas existenciais, desprovidas de titularidades patrimoniais, independen-

---

[212] *passim* FRAZÃO, Ana; TEPEDINO, Gustavo (coords.). *O STJ e a reconstrução do direito privado*. São Paulo: RT, 2011.

[213] TEPEDINO, Gustavo. O Papel Atual da Doutrina do Direito Civil entre o sujeito e a pessoa. In. TEPEDINO, Gustavo; TEIXEIRA, Ana Carolina Brochado; ALMEIDA, Vitor. *O Direito Civil entre o sujeito e a pessoa*: estudos em homenagem ao professor Stefano Rodotà. Belo Horizonte: Fórum, 2016, p. 17.

temente destas ou mesmo em detrimento destas. Se o Direito é realidade cultural, o que parece hoje fora de dúvidas, é a pessoa humana, na experiência brasileira, que se encontra no ápice do ordenamento, devendo a ela se submeter o legislador ordinário, o intérprete e o magistrado.

Ocorre que, tais premissas não modificaram apenas a visão normativa do Direito Privado e sua interação com as normas constitucionais, mas também toda a significação dos agentes que promoviam estas inter-relações. Os antigos "sujeitos abstratos de direitos", iguais perante a lei, abrem caminho para a "pessoa de direitos", que não mais encontra respaldo ou suficiência na igualdade formal, dadas as especificidades do direito, das interações sociais e a expansão das tecnologias, que denotam permanente exigência da releitura dos institutos privados sob a luz dos valores constitucionais, como o único caminho seguro para a realização dos projetos traçados pelas novas Constituições; "O sujeito abstrato das codificações oitocentistas cede espaço ao sujeito visto em sua concretude"[214], e um de seus maiores expoentes encontra-se nos pensamentos de Stefano Rodotà[215], que assim disse:

> Si è già sottolineato come l'astrazione del soggeto fosse indispensabile per uscire dalla società degli status e aprire così la via al riconoscimento dell'eguaglianza. Quel

[214] NETO, Eugênio Facchini. *A constitucionalização do direito privado*. Revista do Instituto do Direito Brasileiro. Ano 1, Lisboa, 2012, p. 205.

[215] Em tradução livre: "Já fora apontado como a abstração do sujeito era indispensável para se sair da sociedade de status e se abrir um caminho para o reconhecimento da igualdade. O que deve ser rejeitado é o uso político que viabiliza a força histórica e teológica dessa invenção, reduzindo o sujeito a condições materiais. Portanto, era essencial empreender um caminho diferente. Daí a necessidade de retomar o fio quebrado da igualdade, não subtraindo os benefícios de uma forma que continue a ser uma ferramenta contra a discriminação institucionalizada, mas a uma indiferença pela realidade do ser, desenhando a elaboração de novas hierarquias e novas desistências baseadas na força política e na arrogância do mercado. Daí a necessidade de se construir um contexto em que a liberdade e a igualdade pudessem retomar o diálogo após as grandes tragédias do século XX. Daí a necessidade de fundamentos capazes de darem à igualdade a plenitude necessária e pura da mudança dos tempos. Daí a necessidade de deslocarmos o sujeito para a pessoa, ou seja, esta última como a categoria que melhor permite destacar a vida individual e sua imersão nas relações sociais. Daí, em última análise, uma nova antropologia, expressa através da constitucionalização da pessoa.". In RODOTÀ, Stefano. Il diritto di avere diritti. Bari: Laterza, 2012, p. 183.

che va respinto è um uso politico che va via viasterilizzato la forza storica e teórica di quell'invenzione, riducendo il soggetto dalle condizioni material. Perciò era indispensabile intraprendere um diverso cammino. Da qui la necessita di riprendere il filo spezzato dell'eguaglianza, sottraendola non ai benefici di una forma che continua a essere strumento contro l'istituzionalizzazione dele discriminazioni, ma a una indifferenza per la realtà dell'essere, disegnando così nuove gerarchie e nuovi abbandoni fondati sulla forza politicae la prepotenza del mercato. Da qui la necessità di construire um contesto in cui libertà e egualianza potessero riprendere a dialogare dopo le grandi tragedie del Novecento. Da qui la necessità di fondamenti capaci di dare all'eguaglianza la pienezza richiesta purê dal mutare dei tempi. Da qui la necessità di passare dal soggetto ala persona, intendendo quest'ultima come la categoria che meglio permette di dare evidenza ala vita individuale e ala sua immersione nelle relazioni sociali. Da qui, in definitiva, uma nuova antropologia, espressa attraverso la constituzionalizzazione della persona.

O autor italiano aponta que o sujeito abstrato de direitos foi necessário para a difusão e reconhecimento da igualdade entre os particulares, mas que tal proposição não poderia limitar, transformar ou reduzir os indivíduos àquilo que possuem. Daí o porquê de se propor um caminho diferente, em que se sopesassem a liberdade e a igualdade sem detrimento de uma sobre a outra. É o que se convencionou chamar de uma busca por um direito civil despatrimonializado ou que fosse mais ocupado com as relações existenciais do sujeito, agora pessoa, e não mais apenas com suas relações patrimoniais. Neste sentido, assim discorre Luiz Edson Fachin[216]:

> A abstração da figura do sujeito de direito, em tal tempo e contexto, também está diretamente conectada ao patrimonialismo: o centro do ordenamento de Direito Privado é o sujeito proprietário; e o sujeito proprietário, uma *persona* conceitual formalmente ao alcance de todos, que são, nessa configuração, iguais *perante* a lei. Esse mito, porém, não tardaria em ser desvelado, necessitando as codificações de outros instrumentos de legitimação em face das demandas por igualdade *na* lei.

Logo, a tutela da pessoa se justifica não mais em razão da posição que esta ocupa em determinada relação jurídica, ou em razão das situações jurídicas subjetivas que titulariza, até mesmo porque "a pessoa é em si,

---

[216] FACHIN, Luiz Edson. *Direito Civil*: sentidos, transformações e fim. São Paulo: Renovar, 2014, p. 15.

não apenas *tem* para si titularidades"[217], o que, também, não constitui total abandono das relações patrimoniais, mas uma releitura destas, assim como o direito civil constitucional preconiza, que nos dizeres, novamente, de Perlingieri[218]:

> Com isso não se projeta a expulsão ou a redução quantitativa do conteúdo patrimonial no sistema jurídico e civilístico em especial: o momento econômico, como aspecto da realidade social organizada, não pode ser eliminado. A divergência, certamente não de natureza técnica, concerne à valoração qualitativa do momento econômico e à disponibilidade de encontrar, na exigência de tutela do homem, um aspecto idôneo não para humilhar a inspiração econômica, mas, pelo menos, para lhe atribuir uma justificativa institucional de suporte ao livre desenvolvimento da pessoa.

Desta feita, as relações jurídicas subjetivas patrimoniais já não podem ser tuteladas de forma ensimesmada, pelo contrário, deverão ser objeto de merecida tutela quando, e na medida em que, realizarem ou difundirem os valores constitucionais extrapatrimoniais, nos quais substitui-se o patrimônio do sujeito pela pessoa humana no horizonte de valores tutelados pela Constituição. Tal processo de despatrimonialização do direito civil acaba por se relacionar com o fenômeno da repersonalização, que demanda a centralidade da pessoa humana considerada em concreto em detrimento do sujeito abstrato de direitos, conforme nos diz Gustavo Tepedino[219]:

> Os legítimos interesses individuais dos titulares da atividade econômica só merecerão tutela na medida em que interesses socialmente relevantes, posto que alheios à esfera individual, venham a ser igualmente tutelados. A proteção dos interesses privados justifica-se não apenas como expressão da liberdade individual, mas em virtude da função que desempenha para a promoção de posições jurídicas externas, integrantes da ordem pública contratual. Vincula-se, assim, a proteção dos interesses privados ao atendimento dos interesses sociais, a serem promovidos no âmbito da atividade econômica (socialização dos direitos subjetivos).

[217] MEIRELLES, Rose Melo Vencelau. *Autonomia privada e dignidade humana*. Rio de janeiro: Renovar, 2009, p. 16.
[218] PERLINGIERI, Pietro. *O direito civil na legalidade constitucional*. Rio de Janeiro: Renovar, 2008, p. 121.
[219] TEPEDINO, Gustavo. Notas sobre a função social dos contratos, p. 401. Disponível em: http://www.tepedino.adv.br/wpp/wpcontent/uploads/2017/07/Notas_Sobre_Funcao_Social_Contratos_fls_395-405.pdf, acesso em 01 de outubro de 2018.

O Direito contemporâneo preocupa-se, então, com institutos que reduzem ou inferiorizam a pessoa, tornando-a vulnerável ou desprotegida. O Direito deve refletir a necessidade de se investigar as especificidades da pessoa humana, do sujeito de direito ao sujeito concreto (crianças, adolescentes, idoso, consumidores, mulheres, etc.), ou seja, o homem em seu contexto fático e real, que irá assumir e determinar numa relação social a norma ou lei mais condizente com suas necessidades existenciais.

Neste contexto, e com o reconhecimento ou elevação da dignidade da pessoa humana como fundamento da República, reconhecesse a prevalência, definitivamente consolidada para alguns, das situações existenciais frente às patrimoniais, prestigiando-se a proteção da pessoa humana independentemente do patrimônio que possua ou não ou das relações patrimoniais que titularize, ou inclusive da posição que ocupe dentro de determinadas relações jurídicas. Como consequência direta disto temos determinada compressão ou achatamento da autonomia privada patrimonial, que nos dizeres de Maria Celina Moraes[220]:

> Quanto à proteção dos direitos da personalidade, é fato que a partir da mudança de perspectiva constitucional, passando a estar o ordenamento a serviço da pessoa humana, conforme a determinação do art. 1º, III, da Constituição, se consolidou definitivamente a prevalência das relações não patrimoniais (pessoais e familiares) face às relações patrimoniais (contratuais e proprietárias). Consequência desta opção constitucional foi o substancial aumento das restrições estruturais impostas à vontade individual pelo Código de 2002, através, por exemplo, das noções de abuso do direito, dos princípios da boa-fé, da confiança e da função social do contrato e da propriedade, solidificando a já existente compressão da autonomia privada patrimonial.

Logo, deste achatamento ou compressão da autonomia privada, podemos observar uma certa instrumentalidade indireta das relações patrimoniais à concretização da dignidade, que por sua vez, condiciona as relações patrimoniais a um juízo ou necessidade de funcionalização, isto é, se uma relação jurídica for identificada como patrimonial, deve ela ser averiguada diante de, ou sofrer um controle de conformação ao imperativo de soli-

---

[220] BOUDIN DE MORAES, Maria Celina. Ampliando os Direito da Personalidade. In. VIEIRA, José Ribas (Org.) 20 anos da Constituição Cidadã de 1988: Efetivação ou Impasse Institucional?, Rio de Janeiro, Forense, 2008, p. 371.

dariedade ou de serviço à coletividade, ou seja, à função social, que muitas vezes não é enfaticamente observada, há uma verdadeira hipertrofia do princípio da dignidade da pessoa humana, em que se observa mínima consideração pela dignidade no mundo dos fatos, enquanto que no universo jurídico, em razão de malabarismos de retórica, ela é desvirtuada para aquilo que não é essencial, falando-se até mesmo em dignidade da pessoa jurídica[221].

Esses exageros são bem apontados e alertados, na seara do direito empresarial, para apenas citar um dentre tantos exemplos, por Ana Frazão em sua obra "Função Social da Empresa" ao tratar dos perigos da personalização, que só devem atender determinados propósitos[222]:

> A partir do final do século XIX e do início do século XX, a doutrina tentou preencher o vazio deixado pela exacerbação do aspecto técnico da personalidade jurídica, que tanto caracterizou o pensamento jurídico do Estado Liberal. Um dos passos iniciais foi dado pela teoria da realidade objetiva, para a qual as pessoas jurídicas seriam realidades com vontade própria e distinta da vontade dos associados e dos administradores. Consequentemente, as pessoas jurídicas não poderiam ser vistas como meras criações arbitrarias do legislador, mas sim como entidades dotadas de sentido existencial e do atributo essencial da vontade. Os exageros desta abordagem levaram à sua pouca aceitação, abrindo espaço para que teorias mais modernas, como a institucionalista e a da realidade técnica, tivessem maior repercussão, naquilo em que buscavam parâmetros mais consistentes para a compreensão das pessoas jurídicas, mas sem a mesma rigidez da teoria da realidade objetiva.

A autora relembra teoria conhecida e difundida por Otto von Gierke, segundo a qual na sociedade há entidades coletivas que não podem ser reduzidas à soma dos seus componentes, cuja essência consequente das pessoas jurídicas reside em um organismo social, dotada de corpo, cabeça e membros funcionais, correspondendo a uma realidade histórica e sociológica que ultrapassaria as balizas ou julgamento do Direito, como já disse Menezes Cordeiro[223], o que traz grande objeção por demais autores.

---

[221] ROSENVALD, Nelson. *O Direito Civil em movimento*. Salvador: JusPodivm, 2018, p. 330.
[222] FRAZÃO, Ana. *Função social da empresa*: repercussões sobre a responsabilidade civil de controladores e administradores de S/As. Rio de Janeiro: Renovar, 2011, p. 117-118.
[223] CORDEIRO, Antonio Menezes. *Da Responsabilidade Civil dos administradores das Sociedades Comerciais*. Lisboa: LEX, 1997, p.297-299.

Nesta senda, na ausência de um conceito idôneo e sem sombra de dúvidas acerca da pessoa jurídica, não é sem razão que muitos autores chegaram a refutar a sua própria existência, enquanto que outros procuraram compreendê-la partindo de referências do direito privado, como a propriedade. Orlando Gomes, por exemplo, cita a teoria da pessoa jurídica como propriedade comum ou coletiva, atribuída a Planiol e Berthé-lemy, e a teoria da pessoa jurídica como patrimônio destinado a um fim, atribuída a Brinz e Bekker[224]. Mas grande discussão se encontra na forma reducionista que tais opções doutrinárias podem acarretar, inclusive nos fins da personalização, trazendo objeções por alguns justamente pela constatação de que existem pessoas jurídicas sem acervo de bens, como ocorrem nas associações[225] e o total desvirtuamento do instituto da propriedade, uma vez que os membros da pessoa jurídica não podem exercer os poderes do domínio sobre os bens da mesma, o que só poderá ser feito por seus órgãos de administração.

Sobre estes mesmos dilemas, que também se encontram entre a pessoa e o objeto, é que adentraremos ao estudo pormenorizado do algoritmo e as inclinações que essa personificação ou personalização do sujeito abstrato de direitos provavelmente acarretou numa personificação ou "pessoalização" de alguns objetos da atualidade, como fora com os animais domésticos, ditos como semoventes em nosso direito e por que não também o algoritmo, em exemplos que demonstraremos de forma mais dedicada no último capítulo deste livro.

---

[224] GOMES, Orlando. *Introdução ao Direito Civil*. Rio de Janeiro: Forense, 2001, p. 187.
[225] BRASIL. Código Civil. Art. 53: "Constituem-se as associações pela união de pessoas que se organizem para fins não econômicos. Parágrafo único. Não há, entre os associados, direitos e obrigações recíprocos.". Art. 54: "Sob pena de nulidade, o estatuto das associações conterá: I - a denominação, os fins e a sede da associação; II - os requisitos para a admissão, demissão e exclusão dos associados; III - os direitos e deveres dos associados; IV - as fontes de recursos para sua manutenção; V – o modo de constituição e de funcionamento dos órgãos deliberativos; VI - as condições para a alteração das disposições estatutárias e para a dissolução; VII – a forma de gestão administrativa e de aprovação das respectivas contas.".

Capítulo 2
Dos Algoritmos

2.1 A Relevância Social do Algoritmo
No capítulo anterior foi possível compreender a aguda transformação da sociedade contemporânea ocidental, que no pensamento de Gilles Lipovetsky se deu por três grandes etapas: a primeira, marcada pela formação inicial de uma sociedade de consumo, caracterizou-se pela padronização dos produtos a serem consumidos, bem como pela construção da ideia por trás de marca; a segunda, marcada pelo segundo pós-guerra, é caracterizada pela massificação do consumo, cujo ponto central arquiteta-se pela democratização de inúmeros desejos, pela ampliação das possibilidades de distribuição e de consumo, desconjuntando da coerção para a sedução, do recalque para a libertação, do foco no futuro para o presente nas promessas de melhoria de vida, ao menos aparentes; e, por fim, a terceira, caracterizou-se pelo consumo globalmente potencializado, no qual as pessoas consomem desenfreadamente em busca de uma satisfação pessoal e direta que nunca será alcançada, haja vista serem as aspirações deste consumidor emocional recriadas a todo instante, como cada produto o é, culminando na chamada sociedade de hiperconsumo, cuja marca notória, a efemeridade dos bens nela produzidos, conduz à ampliação da intensidade e das velocidades das relações consumeristas.

Por conseguinte, a integração virtual entre as economias globais e entre as próprias pessoas dos diversos países do mundo, em tempo quase-real de interação através da internet e demais tecnologias que despontaram deste consumo desenfreado inauguraram e potencializaram a Sociedade da Informação, que como já apontado, é marcada por uma verdadeira revolução digital, no qual estão dissolvidas as fronteiras entre telecomunicações, meios de comunicação de massas e informática que deu vazão ao surgimento e expansão de algoritmos computacionais que classificam a importância de pessoas, lugares, objetos e ideias, transformando ou fazendo verdadeira cultura ao redor do indivíduo, fomentando positiva ou negativamente o desenvolvimento social dessas pessoas. Quer percebamos ou não, as relações humanas vividas atualmente estão rodeadas de inúmeros algoritmos. Ao se digitar uma consulta em um mecanismo de buscas, é através de um algoritmo que a definição de resultados e, consequentemente de anúncios, é produzida. Nas palavras de Pedro Domingos[226]:

> A sociedade está mudando ao ritmo de cada algoritmo de aprendizado que é produzido. O machine learning está recriando a ciência, a tecnologia, os negócios, a política e a guerra. Satélites, sequenciadores de DNA e aceleradores de partículas sondam a natureza em detalhes cada vez menores, e os algoritmos de aprendizado transformam as torrentes de dados em novo conhecimento científico. As empresas conhecem seus clientes como jamais conheceram. O candidato com os melhores modelos de eleitores vence, como Obama contra Romney. Veículos não tripulados pilotam a si próprios na terra, no mar e no ar. Ninguém programou nossas preferências no sistema de recomendações da Amazon; um algoritmo de aprendizado as descobriu sozinho, tirando conclusões a partir de compras passadas. O carro auto-dirigível do Google aprendeu sozinho como permanecer na estrada; nenhum engenheiro escreveu um algoritmo para instruí-lo, passo a passo, como ir de **A** a **B**. Ninguém sabe como programar um carro para dirigir sozinho, e não precisamos saber, porque um carro equipado com um algoritmo de aprendizado aprende observando o que o motorista faz.

De alguma forma, portanto, a Internet e as redes sociais deram à luz um universo parecido com o descrito por Jorge Luis Borges em "A biblioteca de Babel", onde poderíamos encontrar quase todas as obras culturais e exteriorizadas existentes em um mesmo local, bastando para tanto que, seguindo os ditames tradicionais, apenas deveríamos saber como introduzir ou dizer ao algoritmo o que queremos realmente encontrar.

[226] DOMINGOS, Pedro. *O Algoritmo mestre*. Como a busca pelo algoritmo de machine learning definitivo recriará nosso mundo. São Paulo: Novatec, 2017, p.16.

De outro lado, como afirmou Pierre Bourdieu em "A distinção", o gosto durante muitos anos foi o grande elemento de diferenciação social dos agrupamentos sociais e, segundo sua teoria, esse elemento nos permitiria julgar os demais e, ao mesmo tempo, sermos julgados por outrem, conferindo, assim, a possibilidade da distinção ou classificação recíproca. Desta forma, ao se colocar um rótulo nos indivíduos (ou usuários), inclusive dentro de um mesmo círculo ou bolha, fazemos uma redução, que é em suma, semelhante a que faz o algoritmo para nos reconhecer: prejulgar uma identidade (social, econômica, comportamental, etc.) baseando-se em determinados elementos socioculturais associados e que nos diferenciam de forma sistemática para, de novo, atribuir a eles mais camadas de diferenciação.

O sucesso da mais simples busca na Google depende de um amontoado dessas receitas escritas em linguagem de programação computacional, que é capaz de filtrar em milissegundos bilhões de páginas na *web*, isto porque, a importância de uma página – definida por um algoritmo –, funda-se na quantidade de acessos e na boa procedência de *links* que remetem à mesma página[227]. Na mesma fronteira de pesquisa, mas em engenharia automotiva, conjuntos de algoritmos empregados em carros autônomos processam informações captadas por câmeras e sensores visuais, tomando instantaneamente as decisões ao volante sem qualquer ingerência humana[228]. Tal atuação algorítmica é tão relevante, que na "gangorra" da bolsa de valores, quando as ações sobem ou descem, alguns algoritmos estão presentes em seu cerne. Conforme dados divulgados em 2016 pelo Instituto de Pesquisa Econômica Aplicada (Ipea), "robôs investidores" programados para reagir instantaneamente a determinadas situações do mercado derivativo, são responsáveis por mais de 40% das decisões de compra e venda no mercado de ações no Brasil, enquanto que nos Estados Unidos, o percentual chegou a 70% em meados de 2014[229]. É

---

[227] Para estudo mais aprofundado ver https://search.googleblog.com/2013/03/billions-of--times-day-in-blink-of-eye.html, acesso em 19 de outubro de 2018.

[228] Disponível em https://tecnoblog.net/157344/google-carro-autonomo-anuncio/, acesso em 19 de outubro de 2018.

[229] "A trajetória de tal avanço acabou por produzir um cenário em que negociações automatizadas, ou algorítmicas (algorithmic trading – AT), e as negociações de alta frequência (high-frequency trading – HFT) são utilizadas como instrumentos de especulação e arbitragem entre diferentes ativos nos mercados, inflando o ganho dos investidores que melhor

inclusive uma situação alarmante para muitos investidores, como alerta Edimilson Cruz:

> Os críticos, incluindo grandes investidores, como Warren Buffett, argumentam que os mercados se tornaram demasiadamente dependentes de tecnologia de ponta, e que os negociadores de alta frequência, com seu foco em retornos de curtíssimo prazo, têm prejudicado os demais investidores preocupados com os fundamentos econômicos e o sucesso de longo prazo das empresas. Aponta-se, ainda, para o aumento dos casos de abuso e manipulação ilegal de mercado, como práticas de *spoofing* e *layreing*. Estudos recentes têm apontado os impactos negativos das práticas predatórias de sistemas de negociação automatizada nos mercados. No trabalho *Moore's Law vs. Murphy's Law: algorithmic trading and Its discontents*, Andrei Kirilenko e Andrew Lo (2013) sustentaram que os HFTs contribuíram para a queda brusca do mercado que exterminou abruptamente quase US$ 1 trilhão das bolsas americanas em maio de 2010.

Embora influenciem até mesmo atividades cotidianas e corriqueiras, como a procura de atalhos ou melhores caminhos diante do trânsito nas cidades – com o auxílio de aplicativos de geolocalização para celulares, os algoritmos costumam ser vistos como objetos intangíveis pela população em geral, que vivenciam e sentem seus efeitos, mas não conhecem ou compreendem, tecnicamente, seu formato e modo de ação. Adotemos, por exemplo, a sequência de procedimentos realizados pelo algoritmo do Facebook: a opção do que vai aparecer no *feed* de notícias de um usuário qualquer depende, em primeiro exame, do emaranhado de postagens lançadas ou que circulam entre os amigos daquele perfil. Em linhas gerais, o algoritmo avalia e pondera essas informações, descartando *posts* aponta-

---

dispõem de tais tecnologias. Esses algoritmos e mecanismos de negociação automatizada, também conhecidos como "robôs investidores", já são responsáveis por mais de 40% de tudo que é comprado e vendido diariamente na bolsa de valores brasileira. Nos mercados americanos, onde investimentos bilionários em cabos de fibra ótica próprios e conexão ultrarrápida via micro-ondas são realizados para economizar de 2 a 3 milissegundos, estima-se que esse percentual ultrapasse a marca dos 50%, tendo chegado ao seu auge de cerca de 60% a 70% entre 2009 e 2014. Nos mercados europeus, a média estimada de utilização está em torno de 40% do total das negociações.". SANTANA JUNIOR, Edemilson Cruz. A digitalização do mercado de capitais no brasil: tendências recentes. Instituto de Pesquisa Econômica Aplicada – Brasília, Rio de Janeiro: Ipea, 2018, p. 11-12. Disponível em http://repositorio.ipea.gov.br/bitstream/11058/8280/1/TD_2370.PDF, acesso em 19 de outubro de 2018.

dos ou denunciados como de conteúdo violento ou impróprio – conforme políticas internas e "subjetivas" da empresa, bem como rejeitando os que pareçam *spam* ou os que tenham uma linguagem identificada como "caça--cliques", como os exageros e as hipérboles publicitárias criadas por campanhas de marketing. Por fim, o algoritmo atribui uma impressão, nota ou *ranking* para cada uma das publicações com base no histórico da atividade do usuário em questão, tentando supor ou conjecturar o quanto ele seria suscetível a curtir ou compartilhar aquela informação e, se assim considerar em altos níveis, o *post* surgirá no *feed* do usuário. Inclusive, de modo recente, o algoritmo do Facebook foi modificado para reduzir o alcance de publicações oriundas de sites de notícias e de outras redes sociais estranhas ao Facebook, tais como links do Youtube, priorizando as postagens dos já usuários da rede social[230].

Assim, diante de tantos exemplos, dado que o processo de desenvolvimento técnico dos mercados e tecnologias nessa direção não tende a retroceder, compreender o que é e como funciona tal complexo sistêmico, bem como seus componentes, torna-se fundamental diante da necessária tarefa de prever e regular o comportamento e as consequências indesejadas da ação de tais robôs e seres humanos em processo de integração. Até, porque, podemos observar que a prevalência do ser humano sobre a tecnologia é inegável e irrefutável, inclusive cronologicamente observável. A coletividade humana preexiste a ela, razão pela qual a tecnologia só irá resplandecer aquilo que fomos e sempre seremos: seres humanos convivendo em sociedade, diferenciando-se e reduzindo-se mutuamente.

Entretanto, ao mesmo tempo, podemos observar uma busca por unidade ou universalidade, pois com a necessidade de transmitir pensamentos e ideias, desde os primórdios da sua existência o homem desenvolve diferentes formas de fazê-lo. A matemática foi uma de suas formas, uma linguagem indicada e criada para descrevermos muitos dos fenômenos que encontramos no mundo que nos rodeia. Nela, criaram-se símbolos representativos de quantidades – os números, notações específicas para determinados cálculos – sinais das operações: para a adição (+), para a multiplicação (x), que são utilizadas nos dias de hoje, após algumas transformações através dos séculos, bem como, a utilização de palavras que

---

[230] Disponível em https://link.estadao.com.br/noticias/empresas,facebook-muda-algoritmo--e-reduz-alcance-de-noticias,70002149049, acesso em 19 de outubro de 2018.

atravessam séculos e barreiras geográficas, e muitas delas encerram, na sua etimologia, o conceito envolvido. Por exemplo, o termo cálculo – de origem latina *"calculus"* e cujo significado é "pedra", termo inclusive utilizado em medicina, que para discorrer sobre pedras formadas dentro dos rins, utiliza-se da expressão "cálculos renais". O termo equilátero – de origem grega, que significa lados (*"látero"*) iguais (*"equi"*), ou o termo grego *"Isoskeles"*, ou seja, isósceles, utilizado para os triângulos que possuem dois lados com o mesmo comprimento. Essa palavra é composta pelos termos *"iso"* e *"skelis"* que significam *"igual"* e *"pernas"*, respectivamente. Assim, o homem construiu uma linguagem universal, cujo objetivo central era possibilitar o entendimento de todos sobre determinado evento material. Além do entendimento, esta matemática e seus números deram vida às fórmulas, padrões e softwares que envolvem os algoritmos que aqui estudamos.

2.2 Sociedade da Informação, Surgimento e Desenvolvimento dos Algoritmos

O algoritmo é a ideia que rege o mundo, disse David Berlinski[231], ao discorrer em seu livro que sem a descoberta dos algoritmos a vida moderna seria muito diferente do que experimentamos, já que o computador, a internet, a realidade virtual e o correio eletrônico simplesmente não existiriam. Para o autor, o algoritmo é "a primeira grande ideia científica do Ocidente", uma vez que estes possibilitaram o desenvolvimento do computador digital[232]

---

[231] passim BERLINSKI, David. *O advento do algoritmo*: a ideia que governa o mundo. São Paulo: Globo, 2002.

[232] "Os computadores digitais são máquinas eletrônicas contendo processadores e circuitos digitais adequados, operando com sinais elétricos em dois níveis ou binários". SOUZA, Marco Antonio Furlan de; GOMES, Marcelo Marques; SOARES, Marcio Vieira; CONCILIO, Ricardo. *Algoritmos e lógica de programação*: um texto introdutório para engenharia. São Paulo: Cengage Learning, 2013, p. 1. Bem como, "As máquinas inventadas por Hollerith e Babbage eram digitais, o que significa que elas calculavam usando dígitos: números inteiros discretos e distintos como 0, 1, 2, 3. Em suas máquinas, os números inteiros eram somados e subtraídos usando rodas dentadas e discos que clicavam um dígito por vez, como contadores. Outra abordagem em relação à computação era construir equipamentos que pudessem imitar ou reconstruir um modelo de um fenômeno físico e então fazer medições no modelo análogo para calcular os resultados. Esses eram conhecidos como computadores analógicos, porque operavam por analogia. Computadores analógicos não se baseiam em números inteiros discretos para fazer seus cálculos; em vez disso, eles usam funções contínuas. Em computadores analógicos, uma quantidade variável, como uma voltagem elétrica, a posição de uma corda em uma polia, a

ou, mais precisamente, dos softwares nele inseridos, que popularizaram e transformaram o mercado de computadores digitais pessoais, razão pela qual o autor, assim, enaltece os algoritmos[233]:

> A despeito de todos os grandes sonhos investidos em vão no computador digital, mesmo assim é verdade que, desde que os arquitetos da Constituição norte-americana levaram a sério a idéia de que todos os homens são criados iguais, nenhuma outra idéia transformou tanto as condições materiais da vida, as expectativas da raça humana.

Nos dizeres de Boratti, podemos definir o algoritmo "como sendo uma sequência finita e lógica de instruções executáveis, especificadas em uma determinada linguagem, que mostram como resolver determinado problema"[234], mas, seguindo Berlinski, não podemos fugir da lógica de que um algoritmo nada mais é do que[235]:

> Um método finito, escrito em um vocabulário simbólico fixo, regido por instruções precisas, que se movem em passos discretos, 1, 2, 3, ..., cuja execução não requer insight, esperteza, intuição, inteligência ou clareza e lucidez, e que mais cedo ou mais tarde chega a um fim.

Logo, o algoritmo constitui verdadeiro procedimento lógico-matemático, finito de passos discretos, e eficaz na solução de um problema ou questão pontual. Para tanto, "a matemática clássica é, em parte, o estudo de determinados algoritmos", como também disse Berlinski[236]. Diante

---

pressão hidráulica ou a medição de uma distância, é usada como um análogo para as quantidades correspondentes do problema a ser resolvido. Uma régua de cálculo é analógica; um ábaco é digital. Relógios com ponteiros são analógicos, e aqueles que exibem numerais são digitais.". ISAACSON, Walter. *Os inovadores*: uma biografia da revolução digital. São Paulo: Companhia das Letras, 2014, p. 52-53.

[233] SOUZA, Marco Antonio Furlan de; GOMES, Marcelo Marques; SOARES, Marcio Vieira; CONCILIO, Ricardo. *Algoritmos e lógica de programação*: um texto introdutório para engenharia. São Paulo: Cengage Learning, 2013, p. 14.

[234] passim BORATTI, Isaias Camilo. *Introdução à Programação*: Algoritmos. Florianópolis: Visual Books, 2007.

[235] BERLINSKI, David. *O advento do algoritmo*: a ideia que governa o mundo. São Paulo: Globo, 2002, p. 21.

[236] Idem, p. 16.

disto, analisando a inter-relação que, no mundo atual, há na web e nas redes sociais, entre particulares, empresas, marcas e até mesmo entre entes estatais, Ted Striphas, conceitua que estamos diante de uma verdadeira cultura algorítmica, sendo está como[237]:

> ... the ways in which computers, running complex mathematical formulae, engage in what's often considered to be the traditional work of culture: the sorting, classifying, and hierarchizing of people, places, objects, and ideas. The Google example from above illustrates the point, although it's also the case elsewhere on the internet. Facebook engages in much the same work in determining which of your friends, and which of their posts, will appear prominently in your news feed. The same goes for shopping sites and video or music streaming services, when they offer you products based on the ones you (or someone purportedly like you) have already consumed.

Isto é, o papel antes reservado aos livros, jornais e revistas na escolha, classificação e difusão de informações[238] hoje é depositado (ou fora tomado) pelos algoritmos existentes na internet e nas redes sociais. É a manifestação pela qual computadores (notebooks, smartphones, dentre outros) operando a partir de fórmulas matemáticas, se envolvem no que, muitas vezes, era considerado trabalho tradicional da cultura: escolhas, buscas, classificações e hierarquizações de pessoas, lugares, objetos e ideias. Nada mais é do que a forma como o comportamento humano vem sendo impactado e influenciado a cada linha de código escrita e praticada que busca resolver um problema de forma melhor ou mais eficiente no dia a dia, constituindo verdadeira mudança social que ganhou evidente força após

---

[237] Em tradução livre: "as maneiras pelas quais os computadores, executando fórmulas matemáticas complexas, se envolvem no que geralmente é considerado o trabalho tradicional da cultura: a separação, classificação e hierarquização de pessoas, lugares, objetos e ideias. O exemplo do Google acima ilustra bem esse ponto, embora também seja o caso em outros lugares na Internet. O Facebook se dedica ao mesmo trabalho, em determinar quais de seus amigos e quais de suas postagens aparecerão com destaque em seu feed de notícias. O mesmo vale para sites de compras e serviços de streaming de vídeo ou música, quando eles oferecem produtos baseados naqueles que você (ou alguém supostamente como você) já consumiu.". Disponível em: https://medium.com/futurists-views/algorithmic-culture-culture-now-has--two-audiences-people-and-machines-2bdaa404f643, acesso em 07 de junho de 2018.
[238] Ver STRIPHAS, Theodore G. *The late age of print: everyday book culture from consumerism to control.* New York: Columbia University Press, 2009, p. 125, 138.

a popularização da internet. Isto porque, a partir do momento em que as pessoas estão conectadas, o impacto dos algoritmos em rede é muito mais veloz e a cultura passa a ser disseminada em tempo quase-real, transformando a sociedade com soluções que trazem maior bem-estar aos indivíduos, ou as empresas que dessas interações se aproveitam, a depender do olhar que se opta.

É neste contexto, no qual algoritmos sugerem amigos que você talvez conheça ou antigos que perdeu contato; que "eles" sugerem novos produtos a serem comprados com base em produtos anteriormente adquiridos. É notório perceber que ao se iniciar uma busca no site da Google, um algoritmo pretende prever o que você está buscando, com base em buscas anteriores e/ou interações passadas. Até mesmo, no adicionar de um recém-conhecido em sua lista de amigos do Facebook, um algoritmo procurará na lista de amigos recente, parâmetros e interações para lhe dizer quem dos amigos dele, provavelmente, não lhe é estranho ou deveria ser conhecido. Fato é que os algoritmos estão alavancando, se não formando, as interações e modificações sociais de dias atuais.

Com isso, podemos formular a hipótese de que experimentamos uma mudança significativa no que diz respeito ao significado do que é tecnologia e cultura, ou que ambas parecem estar se fundindo em um significado único ou integrador que inclusive já se mostraram em um passado não muito distante, ou seja, os algoritmos utilizam-se de silício processado e industrializado, eletricidade e plástico somados a uma gama de engenheiros e designers na construção de códigos para classificar a importância de pessoas, lugares, objetos e ideias. Entretanto, embora os métodos e fins sejam diferentes, semelhante construção ou pensamento já fora dito por Matthew Arnold em seu "Culture and Anarchy", na proposição de que a cultura sempre selecionará "o melhor do que já foi dito ou pensado no mundo"[239], o que reflete entendimento positivo da cultura algorítmica

---

[239] "The whole scope of the essay is to recommend culture as the great help out of our present difficulties; culture being a pursuit of our total perfection by means of getting to know, on all the matters which most concern us, the best which has been thought and said in the world; and through this knowledge, turning a stream of fresh and free thought upon our stock notions and habits, which we now follow staunchly but mechanically, vainly imagining that there is a virtue in following them staunchly which makes up for the mischief of following them mechanically. This, and this alone, is the scope of the following essay. And the culture we recommend is, above all, an inward operation." In. ARNOLD, Matthew. Culture and

sobre o homem em sociedade.

Ocorre que, para a análise de Eli Parisier as plataformas de Internet como Facebook e Google, com seus complexos algoritmos, filtram a informação que chega ao usuário da rede de tal modo, que este acaba exposto apenas a ideias que lhe são afins, rejeitando argumentos contrários e que seriam enriquecedores na formação de seus pensamentos e decisões, o autor assim discorre[240]:

> A democracia exige que os cidadãos enxerguem as coisas pelo ponto de vista dos outros; em vez disso, estamos cada vez mais fechados em nossas próprias bolhas. A democracia exige que nos baseemos em fatos compartilhados; no entanto, estão nos oferecendo universos distintos e paralelos. Minha sensação de desconforto ganhou corpo quando notei que meus amigos conservadores tinham desaparecido da minha página no Facebook. Na política, eu tenho inclinações de esquerda, mas gosto de saber o que pensam os conservadores; por isso, fiz algum esforço para formar amizades com conservadores e os adicionei como contatos no Facebook. Eu queria saber que links eles iriam postar, queria ler seus comentários e aprender um pouco com eles. Mas seus links nunca apareciam na minha seção de Principais Notícias. O Facebook aparentemente estava fazendo as contas e percebendo que eu ainda clicava mais vezes nos links dos meus amigos progressistas do que nos dos meus amigos conservadores.

O que é importante notar, no entanto, é a maneira como a cultura algorítmica se alimenta para produzir novos hábitos de pensamento, conduta e expressão que provavelmente não existiriam em sua ausência – uma cultura de algoritmos, por assim dizer. A preocupação, apontada acima por Eli Parisier, é que essa cultura tende a reforçar mais do que desafiar as preferências existentes ou as formas de se fazer as coisas. Isso é o que muitas vezes é chamado de "personalização", embora Pariser o chame de "loop". Da mesma forma, é possível que sistemas algorítmicos apresentem às pessoas bens culturais que elas não teriam encontrado de outra forma. Desta feita, hoje, a cultura pode ser tão boa quanto seu algoritmo. Mas há também quem diga que a cultura algorítmica seja apenas mais uma manifestação do chamado "soft power", que segundo Armand Mattelart, citando Joseph S. Nye[241]:

Anarchy. London: Cambridge University Press, 1869, p. 2.
[240] PARISIER, Eli. *O filtro invisível*: o que a internet está escondendo de você. Rio de Janeiro: Jorge Zahar Editora, 2012, p. 8-9.
[241] MATTELART, Armand. *História da Sociedade da Informação*. São Paulo: Edições Loyola,

(...) é a capacidade de gerar no outro o desejo do que se quer que ele deseje, a faculdade de conduzi-lo a aceitar as normas e as instituições que produzem o comportamento desejado. É a capacidade de atingir objetivos mais pela sedução que pela coerção. "O soft power baseia-se na atração exercida pelas ideias ou na atitude a ser fixada como ordem do dia, de tal modo que ele modela as preferências dos outros. Se um Estado tem sucesso em legitimar seu poder aos olhos dos outros e em instaurar instituições internacionais que os encorajem a refrear ou limitar suas atividades, ele não tem mais necessidade de gastar tanto seus recursos econômicos e militares, tradicionalmente dispendiosos.".

O que por si só já caracterizaria um olhar negativo sob a cultura algorítmica e o homem em sociedade, mas, a despeito do olhar do observador, tais preceitos privilegiam um olhar menos individualista e egoístico a respeito das próprias razões nas relações jurídicas e sociais atuais, dentre elas, a oferta de produtos ou serviços através da publicidade, a ampliação e difusão de ideias e ideais, como os da Primavera Árabe e tantas outras manifestações iniciadas ou projetadas em meio virtual, o estreitamento das fronteiras geográficas que neste sentido, prestigiam os dizeres de Roberto Senise Lisboa[242], em que numa sociedade mais solidária:

> Deixa-se de lado a ética individualista e propugna-se por uma eticidade. A eticidade do consenso. Nela, a pessoa torna-se consciente de sua inserção social e, por isso, procura satisfazer os seus interesses sem impedir que os outros também alcancem os seus respectivos objetivos.

Dessa maneira, nota-se que as pessoas devem e têm de certo modo assumido o dever ético de colaborar, para si e para o outro, como nos afirma Eduardo Bittar[243], concretizando, pelo menos no mundo das intenções, o dever conjunto da família, da sociedade e do Estado na proteção da solidariedade. Claro que em um ambiente virtual, não se defende um paternalismo excessivo ou o Nanny State (Estado Babá) super-protetor do conservadorismo britânico de Iain Norman Macleod[244], até porque muitos

---

2006, p. 138-139.
[242] LISBOA, Roberto Senise. *Confiança Contratual*. São Paulo: Atlas, 2012, p.104.
[243] BITTAR, Eduardo Carlos Bianca. *Curso de ética jurídica*: ética geral e profissional. São Paulo: Saraiva, 2002, p. 48-51.
[244] Em matéria publicada na coluna Quoodle da edição de 03 de dezembro de 1965 do The Spectator, p. 11, intitulada de 70 m.p.h., disponível em http://archive.spectator.co.uk/

não enxergam a possibilidade de uma atuação estatal que possa interferir no desenvolvimento da cultura algorítmica, pois essa não mais se restringe ao ambiente digital, mas adentrou à coletividade como um todo.

Mas antes, necessário se faz compreender, pormenorizadamente, o que venha a ser algoritmo e como tais se desenvolveram no desenrolar da história e ciência para compreender a cultura algorítmica e o que sua expansão tem ocasionado não só na forma como nos relacionamos com a cultura, mas com os sujeitos e os objetos de inúmeras relações jurídicas cotidianas.

Para tanto, baseando-se em livros de história da matemática como os de Carl Boyer[245] e Howard Eves[246], podemos notar que há uma ligação direta entre a solução de problemas e a formulação de algoritmos, ou seja, se determinadas empresas querem vender, em ambiente virtual, um determinado valor de produtos para determinada faixa etária ou camada socioeconômica, há a possibilidade de se utilizar um algoritmo para se encontrar tais objetivos. E, estes problemas de ordem lógico-matemática surgiram praticamente com o desenvolvimento da matemática como ciência autônoma do conhecimento.

Em meados dos anos 707 a 718, d.C., os árabes haviam conquistado o norte da Índia propiciando estreito contato e movimentação entre suas culturas. Segundo os autores supracitados, em 773, d.C., o marco desta mescla de culturas se deu quando uma delegação de astrônomos e matemáticos hindus visitou a corte do califa Al-Mansur (754 – 775, d.C.) e ali explicou ao califa e seus eruditos como trabalhar com um recente sistema de numeração, logo adotado pelos sábios de Bagdad. Segundo Gilberto G. Garbi[247], Abu-Abdullah Mohamed ibn Musa Al-Kwarizmi, célebre matemático nascido na província persa de Khwarezm – Khiva no atual Uzbequistão, que fazia parte da corte do califa, tornou-se o maior popularizador, dentro do império árabe, deste sistema de numeração posicional de base dez e seus respectivos símbolos, evidenciados na publicação de dois grandes livros sobre álgebra e os numerais hindus, intitulados de *"Kitab al Jami*

---

article/3rd-december-1965/11/70-mph, acesso em 03 de julho de 2017.
[245] *passim* BOYER, Carl Benjamin. *História da matemática*. Tradução de Elza F. Gomide. São Paulo, Edgard/Blucher, 1996.
[246] *passim* EVES, Howard, *Introdução à História da Matemática*, Unicamp, Campinas, 1997.
[247] *passim* GARBI, Gilberto Geraldo. *A Rainha das Ciências*: um passeio histórico pelo maravilhoso mundo da matemática. 2ª. Ed ver. e ampl. São Paulo: Editora Livraria da Física, 2007.

wa´l tafrik bi hisab al hindi" ("sobre o método hindu da adição e subtração" em tradução livre), *"Al-kitab al-jabor wa´l muqabalah"* ("livro da restauração e do balanceamento" em tradução livre).

O papel deste célebre matemático nas ciências exatas é demonstrado na adoção do sistema hindu presente na palavra "algarismos", derivada de seu nome e pela expressão que se refere a cálculos e operações matemáticas de problemas de "restauração", trazidas em seu segundo livro, as quais ele chamava de *"al-jabr"*, de onde se derivou a palavra álgebra, presente em quase todos os idiomas do globo. A obra de Al-Khwarizmi, exerceu grande influência sobre os matemáticos ocidentais até o início do Renascimento, podendo-o ser considerado o pai da álgebra, uma vez que, por volta do século XII, suas teses foram traduzidas em certos manuscritos latinos, popularizando a matemática em terras europeias ao substituir os numerais hindus pelos numerais romanos, momento em que se diz nascer a expressão "algoritmo", também derivada do nome do matemático árabe, manuscritos estes intitulados de *"Algoritmi de Numero Indorum"* pelo italiano Baldassare Boncompagni apenas em 1857.

Segundo Armand Mattelart[248], foi o filósofo e matemático alemão Gottfried Wilhelm Leibniz (1646-1716) que, com sua aproximação à teoria pela automatização da razão, elaborou uma aritmética binária (em 1679) e um *"calculus ratiocinator"* ou máquina aritmética – uma espécie de calculadora mais aperfeiçoada que a de Blaise Pascal (em 1673), propôs reflexões sobre a natureza da lógica e a possibilidade do pensamento se manifestar ou materializar-se no interior de uma máquina. A matemática leibniziana constituiu ou lançou os alicerces do cálculo diferencial e o cálculo integral, reduzindo a um procedimento algorítmico as operações fundamentais do cálculo infinitesimal. Para Leibniz, Newton e seus demais contemporâneos, a busca por métodos de cálculos mais rápidos é a saída ou resposta para os anseios e exigências da formação e do desenvolvimento de um capitalismo moderno.

No entanto, ainda segundo Garbi, foi apenas certo matemático inglês e professor de Matemática em Cambridge, Charles Babbage (1792-1871), quem se propôs a criar uma máquina capaz de realizar tais cálculos matemáticos de Leibniz de forma total e verdadeiramente mecânica. Composta de uma

---

[248] MATTELART, Armand. *História da Sociedade da Informação.* São Paulo: Edições Loyola, 2006, p. 12.

memória, um engenho central e engrenagens e alavancas para a transferência de dados – que foi chamada de "máquina diferencial" –, a engenhosidade de Babbage, usando apenas cartões perfurados "interpretaria" os parâmetros e realizaria os cálculos matemáticos pretendidos (utilizando, claro, os números e sistemas propostos anteriormente por Al-Khwarizmi e os cálculos infinitesimais de Leibniz), razão pela qual Babbage é considerado por alguns como o "pai do computador". Mas tal máquina não foi realmente construída por falta de precisão dos componentes mecânicos da época e da ausência de investimentos governamentais de seu tempo, assim, Babbage iniciou os planos para construção do "calculador analítico" ou "máquina analítica", um melhoramento da máquina inicial, que contou com o auxílio de Ada Lovelace (1815-1852), matemática e escritora, filha de Lord Byron, influente e abastado romancista inglês.

A jovem cientista percebeu que a máquina era capaz de fazer muito mais do que o que seu idealizador imaginava e desenvolveu uma série de instruções para o engenho analítico de Babbage (ou na verdade, reais algoritmos, como veremos mais a frente) que permitiriam à máquina computar os valores de funções matemáticas repetidamente e em qualquer contexto (o que intitulou de sub-rotina), além de publicar uma coleção de notas sobre a máquina analítica e o valor das repetições (ou loops), e que, por razão destes trabalhos é considerada a primeira programadora de toda a história computacional; por esta razão, inclusive, há quem diga que Ada Lovelace foi quem deu origem ao termo "algoritmo" como forma de homenagear o matemático árabe supracitado, que tanto lhe fascinara na vida acadêmica. Passados muitos anos, a máquina analítica tão sonhada de Babbage só tomaria forma realística e prática com a máquina de Alan Turing e o desenvolvimento da ciência da computação na formalização do conceito de algoritmo, como Mattelart discorre[249]:

> Para que o algoritmo, ou sequência ordenada de operações elementares extraídas de um repertório finito de operações executáveis em um tempo dado, se converta em conceito fundamental do tratamento automático da informação, será preciso esperar pela mediação da escrita algorítmica. Formulada em 1854 pelo irlandês George Boole, ela permitirá que a informação seja construída como disciplina autônoma um século mais tarde. (...) Com as operações além-mar, emerge um mercado de coleta, de arquivamento,

---

[249] MATTELART, Armand. *História da Sociedade da Informação*. São Paulo: Edições Loyola, 2006, p. 13.

de tratamento burocrático e de difusão de dados destinados aos negociantes, financistas e especuladores. A navegação marítima exige a construção de navios mais eficientes. O cálculo das longitudes torna-se um laboratório privilegiado para o aperfeiçoamento do mecanismo relojoeiro, ancestral longínquo do artefato programado.

Avançando alguns anos, em 1937, novas tecnologias e novas teorias começaram a surgir, exatos cem anos após a publicação do artigo de Babbage sobre sua Máquina Analítica[250]. Em uma época semelhante à atual, os avanços da Revolução Industrial (entre os quais o motor a vapor, o tear mecânico e o telégrafo), transformaram o século XIX, mais ou menos do mesmo modo como os avanços da Revolução Digital (entre os quais o computador, o microchip e a internet), transformaram o nosso século, no coração de ambas as revoluções estavam pessoas criativas e inovadoras que combinavam imaginação e paixão com tecnologias assombrosamente em ebulição, assim discorreu Walter Isaacson sobre o período[251]:

> Os grandes avanços de 1937 não tiveram apenas uma causa, mas foram o resultado de uma combinação de capacidades, ideias e necessidades que coincidiram em vários lugares. Como é frequente acontecer nos anais da invenção, em especial na invenção relacionada à tecnologia da informação, o momento era adequado e havia algo no ar. O desenvolvimento das válvulas termiônicas para a indústria do rádio preparou o caminho para a criação dos circuitos eletrônicos digitais. Isso foi acompanhado por avanços teóricos na lógica que tornaram os circuitos mais úteis. E a marcha foi acelerada pelos tambores da guerra. À medida que as nações começaram a se armar para o conflito iminente, ficou claro que o poder de computação era tão importante quanto o poder de fogo. Os avanços se apoiavam uns nos outros, ocorrendo quase ao mesmo tempo e espontaneamente, em Harvard, no MIT, em Princeton, nos Laboratórios Bell, em um apartamento em Berlim e até, de maneira mais improvável e mais interessante, em um porão de Ames, em Iowa.

É neste cenário que, então, desponta a figura de Alan Turing (1912-1954), jovem notável criado por um coronel reformado do Exército e sua esposa; enquanto seus pais serviam o governo inglês na Índia, ele passou longos anos no internato Sherbone e de lá ganhou uma bolsa para fre-

---

[250] ISAACSON, Walter. *Os inovadores*: uma biografia da revolução digital. São Paulo: Companhia das Letras, 2014, p. 54.
[251] Idem, p. 55.

quentar o King's College, em Cambridge no ano de 1931, para aprender matemática, onde tomou contato com os livros de John von Neumann, um matemático húngaro, que como pioneiro no projeto de computadores, influenciou continuamente a carreira acadêmica de Turing[252], segundo Walter Isaacson[253]:

> Turing estava particularmente interessado na matemática que era o centro da física quântica, que descreve o modo como os eventos no nível subatômico são governados por probabilidades estatísticas, em vez de seguirem leis que determinam as coisas com certeza. Ele acreditava (pelo menos quando era jovem) que essa incerteza e essa indeterminação no nível subatômico permitiam que os humanos exercitassem o livre-arbítrio — uma característica que, se verdadeira, pareceria distingui-los das máquinas. Em outras palavras, o fato de os eventos no nível subatômico não serem predeterminados abre caminho para que nossos pensamentos e ações não sejam predeterminados. (...) Pelo resto de sua vida, Turing enfrentaria a questão sobre se a mente humana era fundamentalmente diferente de uma máquina determinística, e ele aos poucos chegaria à conclusão de que a distinção era menos clara do que imaginava.

No mesmo ano em questão, 1937, Alan Turing publica um artigo intitulado de *"On Computable Numbers, with an Application to the Entscheidungsproblem"* no qual propõe o conceito de uma Máquina Lógica de Computação, até hoje chamada de máquina de Turing por uma resenha feita por Alonzo Church sobre o trabalho de Turing[254]. Trabalho que rendeu a designação de Turing para trabalhar na Escola de Criptografia do Governo de Sua Majestade em Londres, responsável pela equipe que decifrou o código alemão Enigma, utilizado pelas forças de guerra nazistas, ao colocar sua máquina em rotores mecânicos e circuitos elétricos[255]. Sobre a máquina de Turing, o autor supracitado assim discorre[256]:

---

[252] ISAACSON, Walter. *Os inovadores*: uma biografia da revolução digital. São Paulo: Companhia das Letras, 2014, p. 57.
[253] Idem, p. 58.
[254] ISAACSON, Walter. *Os inovadores*: uma biografia da revolução digital. São Paulo: Companhia das Letras, 2014, p. 62. Ver, também, CHURCH, Alonzo. Review of A. M. Turing's 'On Computable Numbers'. Journal of Symbolic Logic, 1937.
[255] Idem, p. 93.
[256] Idem, p. 59.

A "Máquina Lógica de Computação" que ele vislumbrou (como um experimento mental, não como uma máquina real a ser construída) era bastante simples à primeira vista, mas podia lidar, em teoria, com qualquer computação matemática. Ela consistia em uma quantidade ilimitada de fita de papel contendo símbolos dentro de quadrados; no mais simples exemplo binário, esses símbolos podiam ser apenas um 1 e um espaço. A máquina seria capaz de ler os símbolos da fita e de desempenhar certas ações com base em uma "tabela de instruções" que lhe seria fornecida. A tabela de instruções diria à máquina o que fazer com base na configuração em que estivesse e no símbolo que aparecesse, se é que haveria algum, no quadrado. Por exemplo, a tabela de instruções para uma tarefa específica podia determinar que se a máquina estivesse na configuração 1 e visse um 1 no quadrado, ela deveria ir um quadrado para a direita e passar para a configuração 2. De maneira algo surpreendente, para nós, se não para Turing, essa máquina, se recebesse a tabela de instruções adequada, podia realizar qualquer tarefa matemática, não importando sua complexidade.

O autor ainda prossegue[257]:

> Qualquer número real que fosse definido por uma regra matemática podia ser calculado pela Máquina Lógica de Computação. Mesmo um número irracional como π podia ser calculado indefinidamente usando-se uma tabela finita de instruções. O mesmo valia para o logaritmo de 7, ou para a raiz quadrada de 2, ou a sequência de números de Bernoulli para a qual Ada Lovelace havia ajudado a produzir um algoritmo, ou qualquer outra série de números, não importando o quanto sua computação fosse desafiadora, desde que o seu cálculo fosse definido por um conjunto finito de regras. Todos esses eram, no jargão de Turing, "números computáveis".

O desenvolvimento de um computador digital moderno exigiu um passo adiante, uma vez que todas as máquinas construídas durante a guerra foram criadas, pelo menos de início, tendo uma tarefa específica e determinada em mente, que era a de resolver equações ou decifrar códigos. Um real computador digital, como vemos em nossos dias – e vislumbrado por Ada Lovelace e Alan Turing –, deveria ser capaz de realizar, sem interrupção e com rapidez, quaisquer operações lógicas envolvendo dados, símbolos e números. Desta forma, seguindo tal estado de raciocínio, seria

[257] Alan Turing, "Intelligent Machinery" apud ISAACSON, Walter. *Os inovadores*: uma biografia da revolução digital. São Paulo: Companhia das Letras, 2014, p. 59.

necessário criar uma máquina para cada problema que surgisse e que se procurasse solucionar. Ocorre que Alan Turing, de antemão, previu que isso não seria razoável já em 1948, dizendo que "não precisamos ter uma infinidade de máquinas diferentes fazendo trabalhos diferentes. O problema de engenharia de produzir várias maquinas para vários trabalhos é substituído pelo trabalho de gabinete de 'programar" a máquina universal para desempenhar essas tarefas"[258]. O foco de desenvolvimento dos cientistas e inventores saíra do *hardware* e passara ao *software*, como assim diz Walter Isaacson[259]:

> Desde Charles Babbage, os homens que inventaram o computador se concentraram em primeiro lugar no hardware. Mas as mulheres que se envolveram durante a Segunda Guerra Mundial perceberam cedo a importância da programação, assim como havia ocorrido com Ada Lovelace. Elas desenvolveram maneiras de codificar as instruções que diziam ao hardware quais operações realizar. Nesse software estavam as fórmulas mágicas que podiam transformar as máquinas de maneira assombrosa.

Com isso, de Gottfried Wilhem Leibniz (1646-1716) a Alan Turing (1912-1954), da Torre de Hanoi[260] à compilação de dados em lógica matemática, da máquina analítica aos supercomputadores, dos primeiros *softwares* ao "*blockchain*", os algoritmos estão em todo o lugar: nas buscas por produtos e sites, na concessão ou corte de créditos, na construção de uma marca ou *slogan*, no início de uma amizade virtual ou em seu término, na procura por um melhor atalho no trânsito, ou uma previsão meteorológica. Nossas relações são intermediadas por algoritmos, razão pela qual precisamos compreendê-los mais profundamente, para não os temer injustificadamente.

---

[258] Alan Turing, "Intelligent Machinery" apud ISAACSON, Walter. *Os inovadores*: uma biografia da revolução digital. São Paulo: Companhia das Letras, 2014, p. 105.
[259] Idem, p. 106.
[260] também conhecida por torre de bramanismo, que veremos melhor a frente, é um jogo ou quebra-cabeças inventado pelo matemático francês Édouard Lucas inspirando numa lenda Hindu, em 1883. O nome do jogo surgiu do símbolo da cidade de Hanoi, no Vietnã e tem sido tradicionalmente considerada como um procedimento para avaliação da capacidade de memória de trabalho, e principalmente de planeamento e solução de problemas. Para maior aprofundamento ver https://www.matematica.pt/fun/torre-hanoi.php, acessado em 16 de outubro de 2018.

2.3 Elementos e Estruturas Técnicas

Em primeiro lugar, importante entendermos o que são os algoritmos (*Algorithms*) aplicados na informática e telemática, para compreender suas maiores facetas tais como a inteligência artificial (*Artificial Intelligence*), aprendizado de máquina (*Machine Learning*), aprendizado profundo (*Deep Learning*), redes neurais (*Neural Networks*) e a Internet das coisas (*Internet of Things*) e como estes se desenvolvem fática e juridicamente nas metamorfoses que promovem na relação jurídica.

Assim, a grosso modo, um algoritmo é qualquer procedimento computacional bem definido que utiliza algum valor ou conjunto de valores como **entrada** e produz algum valor ou conjunto de valores como **saída**. É, portanto, "uma sequência de etapas computacionais que transformam a entrada na saída"[261]. Do ponto de vista computacional, são regras, formais, sequenciais e bem definidas que a partir de um entendimento lógico-matemático se debruçam sobre um problema, possível de ser tratado e executado por um computador, em que dados de entrada são transformados em dados de saída, solucionando o problema inicial, ao mesmo tempo que é preciso destacar que nenhum destes algoritmos pode fugir de uma máxima, que Berlinski chama a atenção[262]:

> No mundo de onde surge a matemática e para o qual o matemático, como nós, deve voltar, um algoritmo, por assim dizer, é um conjunto de regras, uma receita, uma prescrição para a ação, um guia, uma diretiva concatenada e controlada, uma intimação, um código, um esforço feito para jogar um complexo xale verbal sobre o caos inarticulado da vida.

Algoritmo (*algorithm*), em sentido amplo, é um conjunto de instruções, tais como uma lista de tarefas, uma receita de bolo, ou instruções para se jogar um jogo, etc.. É uma sequência de regras ou operações que, aplicada a um número de dados, permite solucionar classes semelhantes de problemas. Na informática e telemática, como já descrito, é o conjunto de regras e procedimentos lógicos perfeitamente definidos que levam à solução de um problema em um número de etapas. Em outras palavras mais claras:

---

[261] CORMEN, Thomas H.; LEISERSON, Charles E.; RIVEST, Ronald L.; STEIN, Clifford. *Algoritmos*: Teoria e Prática. Rio de Janeiro: Elsevier, 2012., p. 3.
[262] BERLINSKI, David. *O advento do algoritmo*: a ideia que governa o mundo. São Paulo: Globo, 2002, p. 16.

são as diretrizes seguidas por uma máquina. Em sua essência, os algoritmos são apenas uma das inúmeras formas de se representar matematicamente um processo estruturado para a realização de uma tarefa específica. Mais ou menos como as regras e fluxos de trabalho, aquele passo a passo que encontramos nos processos de tomada de decisão em uma empresa, indivíduo ou coletividade, Berlinski assim os exemplifica[263]:

> Na álgebra elementar, por exemplo, os números são substituídos por letras para que se alcance um certo grau de generalidade. Os símbolos são manipulados por meio de regras seguras, práticas. O produto de (a + b) e (a + b) é obtido da seguinte forma: primeiramente, a é multiplicado por si mesmo; como segundo passo, a é multiplicado por b duas vezes; e, em terceiro lugar, b é multiplicado por si mesmo. Os resultados são então somados. O resultado é a2 + 2ab + b2, e é só. Uma máquina poderia executar os passos apropriados. Uma máquina pode executar os passos apropriados.

Utilizando-se de termos comuns da culinária, um algoritmo pode, de forma didática, ser comparado à receita de um hambúrguer, que se encontram claramente dois blocos de ações: o primeiro compreendido pela coleta dos ingredientes (no qual se definem os dados a serem usados e as quantidades que devem ser preparadas e/ou separadas para a confecção do resultado: um pão cortado ao meio, uma mistura de carnes e um queijo), e o segundo compreendido pelo modo de preparo (no qual se definem uma determinada programação de atividades composta por uma sequência de ações: misturar as carnes, dar forma ao disco, assá-lo, esquentar ambas as partes do pão, derreter o queijo sobre o disco de carne e juntar tudo numa ordem). Em ambos, há um roteiro definido a ser seguido, que se desrespeitado não resultará no pretendido e preestabelecido na receita. Na mesma ilustração, se trocarmos a carne bovina por uma pasta de berinjela teremos um sanduíche vegetariano e não um hambúrguer.

Qualquer pessoa que esteja em posse de uma receita, como essa acima, consegue ou tem os meios para reproduzir um hambúrguer ou a refeição indicada na receita culinária sem grandes dificuldades, desde que siga seus passos pré-determinados. Considere o problema das Torres de Hanoi, a proposição neste clássico jogo de quebra-cabeças é a seguinte: em havendo

---

[263] BERLINSKI, David. *O advento do algoritmo*: a ideia que governa o mundo. São Paulo: Globo, 2002, p. 16.

três estacas ou hastes, A, B e C, na haste A repousam três anéis ou círculos de diferentes diâmetros, em ordem decrescente por diâmetro, no qual o objetivo é transferir os três anéis ou círculos da haste A para a haste B, usando a haste C se necessário:

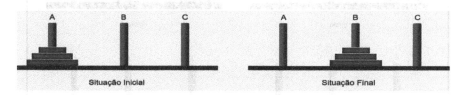

Figura 1: O problema das Torres de Hanoi

Para tanto, obedecendo a duas grandes regras: (i) somente um único anel deve ser movido por vez; (ii) um anel de maior diâmetro não pode ficar por sobre um anel de menor diâmetro. Além disso, as únicas informações para se resolver esse problema são as configurações iniciais dos anéis e as regras de movimento. Portanto, uma solução poderia ser a seguinte sequência de operações, representada pelo algoritmo nº. 1, com sua consequente solução abaixo:

Início
1. Mover um anel da haste A para a haste B.
2. Mover um anel da haste A para a haste C.
3. Mover um anel da haste B para a haste C.
4. Mover um anel da haste A para a haste B.
5. Mover um anel da haste C para a haste A.
6. Mover um anel da haste C para a haste B.
7. Mover um anel da haste A para a haste B.
Fim

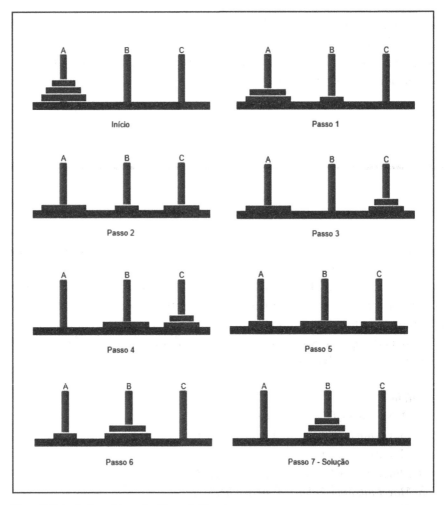

Figura 2: Solução do problema das Torres de Hanoi

É interessante observar que o número mínimo de movimentos para se transferir todos os discos da primeira estaca à segunda é 2^n-1, sendo n o número de discos. Isto é, havendo apenas um disco, necessário será um movimento apenas. Logo, para se solucionar uma torre de Hanoi com 4 discos, são necessários 15 movimentos (2^4-1), no caso de 7 discos são necessários 127 movimentos, se forem 15 discos são necessários 32.767 movimentos. Para solucionar um Hanoi de 64 discos são necessários 18.446.744.073.709.551.615 movimentos, levando aquele que se propõem a tal tarefa a superposição de bilhões de anos para se efetuá-la. Para entender a lógica da Torre de Hanoi é necessário analisar a construção de diferentes níveis da torre com o número mínimo de movimentos, tendo o nível anterior já formado, sendo que esses níveis são o número de peças desintegradas da torre original que irão formar outra torre com os menores discos, levando-se em conta sempre a verificação a cada passo definido, se a solução está se aproximando do objetivo final.

Com isso, para mover o primeiro disco da torre original, gasta-se um movimento. Para mover o segundo da torre original, sendo que o primeiro já foi movido e será construída uma torre com os 2 menores discos, são gastos outros 2 movimentos. Daí em diante, para se deslocar o terceiro disco formando nova torre com os três menores discos, tendo a torre com os dois menores já formada, são gastos 4 movimentos. E, assim se sucede com os próximos discos até que o enésimo disco (o último) seja deslocado compondo uma torre com os outros discos, tendo uma torre com o penúltimo disco e os demais juntos já formada. A sucessão formada pela soma dos movimentos é uma sucessão $(1,2,4,8...2^n)$. Desta forma, outra sequência de operações para se solucionar o problema da mesma torre pode ser o algoritmo nº. 2 abaixo:

Início
1. Mover um anel da haste A para a haste C.
2. Mover um anel da haste A para a haste B.
3. Mover um anel da haste C para a haste B.
4. Mover um anel da haste A para a haste C.
5. Mover um anel da haste B para a haste C.
6. Mover um anel da haste B para a haste A.
7. Mover um anel da haste C para a haste A.
8. Mover um anel da haste C para a haste B.
9. Mover um anel da haste A para a haste C.
10. Mover um anel da haste A para a haste B.
11. Mover um anel da haste C para a haste B.
Fim

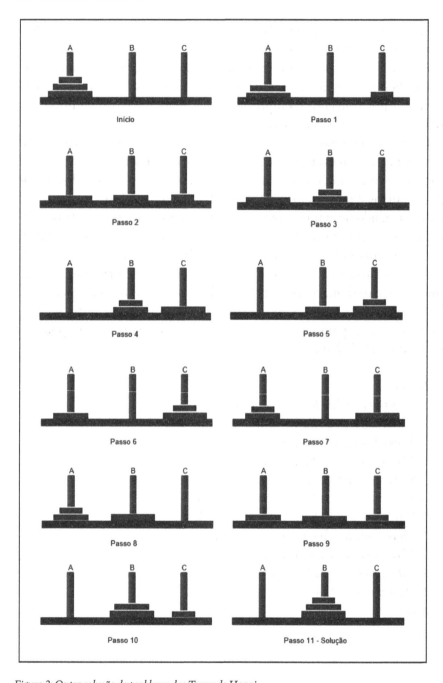

Figura 3: Outra solução do problema das Torres de Hanoi

Observe-se que essa solução é válida e também resolve o problema da torre de Hanoi proposta, contudo, leva-se mais tempo para chegar à solução, ou seja, onze passos contra sete da solução anterior, o que demonstra que um algoritmo pode ser mais efetivo do que outro a depender da conjugação dos dados de entrada (número de discos) e do devido processamento dos dados (número mínimo ou máximo de movimentos) na produção dos de saída. No tocante a um programa computacional, tal conceito é de extrema importância, uma vez que, a depender do problema, determinar uma solução mais eficiente pode economizar horas de processamento.

Desta feita, ao se criar um programa que pretenda solucionar todas as torres de Hanoi possíveis, deve-se partir das particularidades de casos específicos ao encontro de se alcançar uma solução genérica, necessária para n anéis presentes inicialmente na haste A. Ao se variar o número de discos presentes inicialmente na haste A, podemos ter a seguinte tabela:

n	Número de movimentos	Movimentos descritos
1	1	A→ B*.
2	3	A→ C; A→ B; C→ B.
3	7	A→ B; A→ C; B→ C; A→ B; C→ A; C→ B; A→ B.
4	15	A→ C; A→ B; C→ B; A→ C; B→ A; B→ C; A→ C; A→ B; C→ B; C→ A; B→ A; C→ B; A→ C; A→ B; C→ B.
5	31	A→ B; A→ C; B→ C; A→ B; C→ A; C→ B; A→ B; A→ C; B→ C; B→ A; C→ A; B→ C; A→ B; A→ C; B→ C; A→ B; C→ A; C→ B; A→ B; C→ A; B→ C; B→ A; C→ A; C→ B; A→ B; A→ C; B→ C; A→ B; C→ A; C→ B, A→ B.

* Considere que x→ y representa a operação de mover uma peça da haste x para a haste y.

Com a tabela acima é possível depreender-se que existe uma relação matemática entre *n* números de anéis do problema com o número de movimentos a serem executados, sendo a relação estabelecida marcada pela fórmula ou representação de *m(n)=2^n-1*, em que *m* representa os números de movimentos. Com isto, se o número de discos for igual a 20, o número de movimentos que deverão ser descritos e executados será o igual a 1.048.575. Para tanto, a generalização do algoritmo desse problema específico das Torres de Hanoi, na forma em que está descriminado, é impraticável para grandes valores de *n*, sendo necessário, portanto, determinar formas mais sintéticas e efetivas para expressar a solução desse caso. Um modo de expressar solução geral mais efetiva é enxergar o problema de outra maneira: considere, por exemplo, que as hastes estejam posicionadas em um círculo e que não se imponha qual deve ser a haste de destino que a solução poderá ser sintetizada e efetivada por e pelo algoritmo, que seguindo nossos exemplos é o algoritmo nº. 3 abaixo:

Início
1. Repita a execução das duas linhas abaixo até que a condição 4 seja atendida.
2. Mova o menor anel de sua haste atual para a próxima, no sentido horário.
3. Execute um único movimento possível com um único anel que não seja o menor de todos.
4. Até que todos os discos tenham sido transferidos para outra haste.
Fim

DOS ALGORITMOS

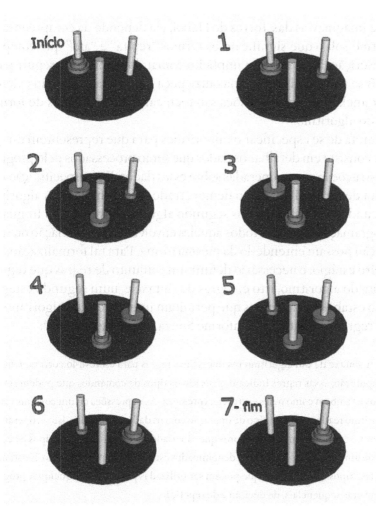

Figura 4: Uso do algoritmo geral de solução das Torres de Hanoi

Com isto, de pronto podemos notar que há quatro procedimentos apenas e que, seguindo a fórmula anterior, observar-se-á que para os valores de n ímpar, os anéis serão transferidos para a primeira haste imediatamente após a primeira em sentido horário e que os valores de n par, os anéis serão transferidos para a primeira haste imediatamente após a primeira, só que em sentido anti-horário. Essa solução funcionará para qualquer valor de n tal que n seja maior ou igual a 1, logicamente, mas, apesar de tal solução genérica e geral poder resolver matematicamente todos os casos possíveis e imagináveis das Torres de Hanoi, ela depende da compreensão do algoritmo sob o que significam os termos "repita" e "até" que compõem sua descrição, além de ter o implícito comando de não prosseguir para o passo 3 se não existir nenhuma outra peça que possa ser movida além do menor anel. Tais compreensões são tecnicamente chamadas de formalização do algoritmo.

A tarefa de se especificar os algoritmos para que representem um programa consiste em detalhar os dados que serão processados pelo programa e as instruções a serem operadas sobre esses dados. Essa especificação pode ser feita de forma livre, como demonstrado nos exemplos dos algoritmos supracitados, ou formalizados segundo alguma convenção ou linguagem de programação, para que todos aqueles envolvidos na sua criação ou transformação possam entendê-lo da mesma forma. Para tal formalização, num primeiro estágio, é necessário definir um conjunto de regras que regulem a escrita do algoritmo, isto é, regras de sintaxe e, num segundo estágio, é preciso estabelecer as regras que permitam interpretar um algoritmo, que são as regras semânticas. Conforme Souza, Gomes e outros[264]:

> A sintaxe de um algoritmo resume-se nas regras para escrevê-lo corretamente. Em computação, essas regras indicam quais são os tipos de comandos que podem ser utilizados e também como neles escrever expressões. As expressões de um comando em um algoritmo realizam algum tipo de operação com os dados envolvidos, isto é, operam com valores e resultam em outros valores que são usados pelo algoritmo. Os tipos de comandos de um algoritmo são também denominados estruturas de programação. Existem apenas três tipos de estruturas que podem ser utilizadas para escrever qualquer programa: estruturas sequenciais, de decisão e de repetição.

Desta feita, podemos compreender que os algoritmos nº. 1 e nº. 2 empregam apenas as estruturas ditas sequenciais, pois sua execução é direta, imperativa e não há nenhum tipo de condição a ser verificada ou nenhum desvio a ser considerado, pelo algoritmo, como o é nas estruturas de decisão[265] em seu caminho de execução, enquanto que o algoritmo nº. 3 usa

---

[264] SOUZA, Marco Antonio Furlan de; GOMES, Marcelo Marques; SOARES, Marcio Vieira; CONCILIO, Ricardo. Algoritmos e lógica de programação: um texto introdutório para engenharia. São Paulo: Cengage Learning, 2013, p. 12.
[265] São estruturas que permitem a tomada de uma decisão sobre qual o caminho a ser esco-

uma estrutura de repetição[266], que possui uma condição que deve ser checada e, sendo verdadeira, terminará por encerrar sua execução. Esta é a razão pela qual um algoritmo de repetição é comumente mais eficiente do que um sequencial, caso em que se evita o ato de escrever todos os *2^n-1* comandos de movimentação dos anéis para um problema da Torre de Hanoi com *n* maior ou igual a 1. Ocorre que, como os dados necessários para a correta utilização de algoritmos em computadores são números binários, ou seja, sequências de 0s e 1s armazenadas em sua memória e, como tal linguagem ou representação não é pratica para ser diretamente usada por todos que convencionou-se em ciências da computação que os dados manipulados por um programa são categorizados em tipos de dados, que tornam simples seu uso para o programador, mas que na realidade, para a máquina formada pelo programa que é constituído por algoritmos são traduzidos em valores binários. Assim, somente por esse processo que é possível a manipulação de diversos tipos de dados em um algoritmo, como por exemplo, números inteiros e reais, valores lógicos, textos e etc., novamente, nos dizeres de Souza, Gomes e outros[267]:

lhido, de acordo com o resultado de uma expressão lógica. Existem três formas básicas desse tipo de estrutura: SE-ENTÃO, cujo resultado é um valor que pode ser true ou false, em sendo verdadeiro executa-se um caminho, em caso contrário executa-se um desvio sem comando algum; SE-ENTÃO-SENÃO, cujo resultado é um valor que também pode ser true ou false, mas que, em sendo verdadeiro executa-se um caminho, e em caso contrário executa-se outro caminho, agora, com comandos específicos; e CASO, cujo resultado possibilita escolher mais de um caminho, de acordo com um resultado a partir de uma expressão inteira e não lógica, isto é, um resultado numérico determinará o caminho a ser seguido. In SOUZA, Marco Antonio Furlan de; GOMES, Marcelo Marques; SOARES, Marcio Vieira; CONCILIO, Ricardo. *Algoritmos e lógica de programação*: um texto introdutório para engenharia. São Paulo: Cengage Learning, 2013, p. 126-129.

[266] São estruturas que permitem a repetição controlada de comandos, podendo ser dos tipos ENQUANTO-FAÇA, que enquanto resultar em true permiti a execução repetitiva de comandos quaisquer que serão imediatamente impedidos se a condição resultante for false; REPITA-ATÉ, que possibilita a repetição de comandos até que a condição se torne true, isto é, enquanto houver false há repetição; e PARA-ATÉ-FAÇA, caso em que os comandos serão repetidos em virtude de um contador que possui certo valor inicial e que, por meio de incrementos unitários e inteiros alcançará um valor final predefinido, caso em que encerrará as repetições quando ocorrer. In SOUZA, Marco Antonio Furlan de; GOMES, Marcelo Marques; SOARES, Marcio Vieira; CONCILIO, Ricardo. *Algoritmos e lógica de programação*: um texto introdutório para engenharia. São Paulo: Cengage Learning, 2013, p. 132-135.

[267] SOUZA, Marco Antonio Furlan de; GOMES, Marcelo Marques; SOARES, Marcio Vieira;

A manipulação desses dados é feita por meio de variáveis e valores constantes, que representam no texto do algoritmo os dados que serão armazenados na memória do computador. O significado de variável é similar àquele empregado na matemática: representar um valor, porém com um significado físico por trás; esse valor será armazenado na memória de um computador. Um valor constante representa um valor que não pode ser alterado, como o número 25, o nome "Márcio" e assim por diante. Uma variável pode ser manipulada de muitas formas. Os valores constantes ou resultados de expressões envolvendo as variáveis podem ser atribuídos a estas. Para escrever as expressões corretamente, é necessária também uma sintaxe.

Por exemplo, se um algoritmo for criado para calcular e exibir na tela de um computador a área de um triângulo de base b e altura h, em que os valores de b e h são fornecidos pelo usuário do computador via teclado, a solução deste problema seria imediata, pois sabe-se que em matemática a área s de um triângulo de base b e altura h é dada pela fórmula s=b x h / 2. Logo, ao invés de se utilizar uma linguagem informal, como as descritas no algoritmo nº. 4 abaixo, deve-se utilizar uma linguagem formal, como a exemplificada pela figura nº. 4 chamada de representação por fluxograma, uma de tantas linguagens ou sintaxes utilizadas em algoritmos:

Início
1. Requisitar ao usuário que digite os valores de b e h nos campos respectivos.
2. Calcular a área s usando a fórmula s=b x h / 2.
3. Exibir o valor de s na tela.
Fim

CONCILIO, Ricardo. *Algoritmos e lógica de programação*: um texto introdutório para engenharia. São Paulo: Cengage Learning, 2013, p. 13.

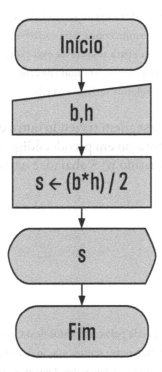

Figura 5: Fluxograma de cálculo da área de um triângulo

Nesta sintaxe, a representação dos procedimentos ou passos é dada pelos símbolos do fluxograma e pelas regras para a escrita das expressões, que conforme Souza, Gomes e outros[268]:

> A regra geral de um fluxograma estabelece que este deva ser escrito com seus símbolos básicos, interligados por linhas com ou sem setas que indicam a direção em que os comandos devem ser executados. Sua interpretação deve começar em um símbolo de início e terminar em um símbolo de fim. O início e fim do algoritmo são representados por dois retângulos de cantos arredondados, que são sempre os mesmo para qualquer fluxograma. O símbolo do trapézio representa um comando que possibilita ao usuário digitar os valores que será atribuído às variáveis b e h. O símbolo do retângulo representa

---

[268] SOUZA, Marco Antonio Furlan de; GOMES, Marcelo Marques; SOARES, Marcio Vieira; CONCILIO, Ricardo. *Algoritmos e lógica de programação*: um texto introdutório para engenharia. São Paulo: Cengage Learning, 2013, p. 14.

um comando a ser executado de forma imperativa. Por sua vez, o comando representado pela flecha esquerda (←) permite copiar para a variável s o valor da expressão (b*h)/2. Observe que existe uma regra para se escrever essa expressão: * significa multiplicação e /, divisão. Por fim, o símbolo de um retângulo de cantos arredondados mais achatado à esquerda significa exibir o valor da variável s na tela.

Os autores ainda prosseguem trazendo outro exemplo de sintaxe, utilizando-se uma representação em pseudocódigo denominado *Portugol*[269], representado pelo algoritmo nº 5 abaixo, e assim posteriormente descrito[270]:

Início
1. Leia (b, h).
*2. s ← (b*h)/2.*
3. Exiba (s).
Fim

Nesse caso a sintaxe é dada pelos comandos dessa pseudolinguagem. A regra geral para se escrever um algoritmo nessa representação determina que este deva ser delimitado pelas palavras *início* e *fim* e os comandos, logo após o símbolo de início, devem ser executados sequencialmente, de cima para baixo. O comando *leia* corresponde a um procedimento que automaticamente pede para o usuário digitar dos valores e estes são copiados para as variáveis *b* e *h*. A expressão do cálculo de *s* tem o mesmo significado que no caso do fluxograma, e o comando *exiba* mostra na tela do computador o valor da variável *s*.

Por fim, toda a explicação da representação por símbolos constitui a semântica de um algoritmo, por exemplo, na linguagem de fluxograma acima descrita, o símbolo do retângulo representa um comando que deve ser executado sem condição alguma, esta regra constitui a semântica por trás da sintaxe, encerrando o binômio necessário para sua existência e

---

[269] "O Portugol ou português estruturado é uma técnica textual de representação de algoritmos na qual as estruturas de programação são representadas por um subconjunto de palavras da língua portuguesa.". SOUZA, Marco Antonio Furlan de; GOMES, Marcelo Marques; SOARES, Marcio Vieira; CONCILIO, Ricardo. *Algoritmos e lógica de programação*: um texto introdutório para engenharia. São Paulo: Cengage Learning, 2013, p. 146.
[270] Idem, p. 15.

execução. Desta forma, a semântica de um algoritmo sempre acompanhará sua sintaxe, fornecendo-lhe significado, evitando-se ambiguidades e ampliando-se a compreensão por todo e qualquer programador ou analista. A título de exemplo, transcrevemos abaixo um fluxograma com comando de decisão, criada para calcular as raízes de uma equação de 2º grau e que abarca semântica e sintaxe já apontadas anteriormente:

Início
1. *Ler A, B, C.*
2. *Se A = 0 Então.*
3.   Exiba a mensagem "Não é equação de segundo grau!".
4. *Senão [A equação é de segundo grau]*
5.   Calcule D ← sqr(B) – 4*A*C.
6.   *Se D < 0 Então.*
7.   Exiba a mensagem "Não existem raízes reais!".
8.   *Senão {Calcule as raízes}*
9.   r1 ← (– B + sqrt (D))/(2*A).
10.   r2 ← (– B – sqrt (D))/(2*A).
11.   Exibir r1 e r2.
12.   *Fim Se.*
13. *Fim Se.*
Fim

Assim, como nas receitas culinárias e nas regras acima descritas, aplicáveis às Torres de Hanois, os algoritmos estão por toda parte, pelo menos nas bases e desenvolvimentos de grandes tecnologias inovadoras de nossos tempos, de forma bem mais complexa é claro, mas com os mesmos princípios fundantes, respeitando as mesmas expressões lógicas ou inteiras, como na inteligência artificial, no aprendizado de máquina e no aprendizado profundo, ou até mesmo nas redes neurais e na internet das coisas, que apontaremos individualmente a seguir.

A inteligência artificial (*Artificial Intelligence* – ou simplesmente AI), em definição sumária, é a possibilidade das máquinas – aqui compreendidas como os computadores, robôs e demais dispositivos e sistemas com a utilização de eletrônica, informática, telemática e avançadas tecnologias algorítmicas –, executarem tarefas que são ou demandam características precípuas da inteligência humana, tais como planejamento, compreensão de linguagens, reconhecimento de objetos e sons, aprendizado, raciocínio, solução de problemas, etc.. Tal termo, de definição mais ampla, funciona como um conceito guarda-chuva para os diferentes usos de métodos, técnicas, programas e algoritmos que tornem máquinas capazes de realizar tarefas inteligentes do ponto de vista e sentido humano[271]. Em outras palavras, é a teoria de desenvolvimento de sistemas de computadores capazes de executarem tarefas normalmente exigidas pela inteligência humana, como a percepção visual, o reconhecimento de voz, a tomada de decisões e a tradução entre idiomas, por exemplo. Mais do que uma tecnologia, a inteligência artificial, antes de mais nada, é um ramo da ciência computacional que visa a construção de computadores e máquinas capazes de simular um comportamento inteligente, cujo termo foi cunhado em 1956, por John McCarthy, professor de matemática do Dartmouth College que organizou uma conferência pioneira sobre a matéria ao discorrer sob a criação de seu programa intitulado LIPS, que tornou possível que computadores jogassem xadrez com humanos[272].

Durante muitos séculos, os principais propulsores do crescimento econômico global foram as inovações tecnológicas. As mais importantes delas, e que os economistas comumente chamam, são as tecnologias com finalidades gerais – categoria que inclui a máquina a vapor, a eletricidade e o motor a combustão interna. Cada uma destas tecnologias catalisou ondas de inovações e oportunidades complementares ao redor do globo. O motor de combustão interna, por exemplo, deu origem aos carros, caminhões, aviões, motosserras e cortadores de grama, possibilitando, como já nos disse também Lipovetsky, o surgimento das *megastores* varejistas, dos centros comerciais e de distribuição de transferência direta de carga, como também a novas cadeias de suprimentos de produtos. Já em dias atuais, as empresas por trás da Uber, Google e Netflix, por exemplo, descobriram formas de alavancar estas tecnologias na criação de novos modelos de negócios criativos, tornando a Inte-

---

[271] ATHENIENSE, Alexandre Rodrigues; RESENDE, Tatiana Carneiro. *A inteligência artificial e outras inovações tecnológicas aplicadas ao direito*. In FERNANDES, Ricardo Vieira de Carvalho; COSTA, Henrique de Araújo; CARVALHO, Angelo Gamba Prata de (Coord.). *Tecnologia jurídica e direito digital I*: Congresso Internacional de Direito e Tecnologia-2017. Belo Horizonte: Fórum, 2018, p. 69.
[272] Disponível em: http://jmc.stanford.edu/, acessado em 07 de novembro de 2018.

ligência Artificial, nos dizeres de Erik Brynjolfsson, como a tecnologia de finalidades gerais mais importante de nossa era[273], especialmente no tocante ao aprendizado de máquina – que veremos logo a frente, ou seja, na capacidade contínua da máquina de melhorar o próprio desempenho sem que seres humanos precisem inserir dados ou explicar exatamente como realizar todas as tarefas atribuídas à máquina, uma vez que interpretando e reutilizando os dados que já possui opta e escolhe novos caminhos[274].

Tamanha é a importância e utilização prática da inteligência artificial, que a consultoria estratégica McKinsey & Co. estima que tenham sido gastos entre 20 e 30 bilhões de dólares, apenas pelas gigantes da tecnologia como a Google e a Apple, em inteligência artificial no ano de 2016, quase 90% do valor em implementação da tecnologia e o restante em aquisições para aumentar ainda mais o seu portfólio na área. E isso não é tudo, os números parecem estar em crescente ascensão, pois em 2017, houve 115 aquisições do tipo pelas principais companhias de tecnologia (frente a apenas 22 aquisições em 2013) e as somas não-oficiais frequentemente atingem níveis estratosféricos. Podemos até mesmo observar, do lado dos governos nacionais, uma nova corrida global em curso. A China, por exemplo, investirá pelo menos US$ 7 bilhões na tecnologia até o ano de 2030 – incluindo US$ 2 bilhões em um parque tecnológico em Pequim – e projeta possuir uma indústria de US$ 150 bilhões até este marco temporal. Enquanto isso, no Reino Unido, uma parceria entre os setores público e privado podem resultar em mais de US$ 200 milhões em investimentos nos próximos anos[275]. Se olharmos para a União Europeia como um todo,

---

[273] passim BRYNJOLFSSON, Erik; ROCK, Daniel; SYVERSON, Chad. *Artificial Intelligence and the Modern Productivity Paradox: A Clash of Expectations and Statistics*. Cambridge, 2017. Disponível em: https://www.nber.org/chapters/c14007.pdf, acessado em 07 de novembro de 2018.
[274] RUSSEL, Stuart J.; NORVIG, Peter. *Inteligência artificial*. Rio de Janeiro: Elsevier, 2013, p. 40-54.
[275] Disponível em: https://aprendeai.com/o-que-e-inteligencia-artificial-um-guia-completo-sobre-inteligencia-artificial, acessado em 07 de novembro de 2018. Para maior aprofundamento ver BUGHIN, Jacques; HAZAN, Eric. The new spring of artificial intelligence: A few early economies, disponível em: https://www.mckinsey.com/mgi/overview/in-the-news/the-new-spring-of-artificial-intelligence-a-few-early-economics, bem como BUGHIN, Jacques; HAZAN, Eric; RAMASWANY, Sree; CHUI, Michael; ALLAS, Tera; DAHLSTROM, Peter; HENKE, Nicolaus; TRENCH, Monica. *Artificial intelligence: the next digital frontier? Discus-*

observaremos um número ainda maior: US$ 24 bilhões entre 2018 e 2020. No tocante à França podemos enxergar até mesmo um foco especializado, com anúncios feitos pelo próprio presidente Emmanuel Macron[276].

Não obstante, há duas razões para que os investimentos em inteligência artificial seja um negócio tão promissor: até então, não sabemos explicar exatamente como somos capazes de fazer uma série de tarefas distintas, desde reconhecer um rosto amigo até executar uma jogada inteligente no mencionado jogo de estratégia asiático Go. Antes do aprendizado de máquina e da inteligência artificial, essa incapacidade de articular nosso próprio conhecimento significava que não podíamos automatizar tantas tarefas assim. Hoje podemos. Esses algoritmos podem chegar a um desempenho super-humano numa grande variedade de tarefas, incluindo na detecção de fraudes e no diagnóstico de doenças[277], esses excelentes aprendizes digitais estão sendo implantados por toda a economia e o seu impacto é e será profundo.

Assim, o aprendizado de máquina (*Machine Learning*) é uma forma de se alcançar ou conseguir essa tal inteligência artificial. É um ramo da inteligência artificial que envolve a criação de algoritmos que podem aprender automaticamente a partir de dados inseridos. Ao invés de os desenvolvedores de software elaborarem enormes códigos e rotinas com instruções específicas para que a máquina possa realizar determinadas tarefas e conseguir resultados (e com isso limitar drasticamente o seu campo de atuação e resultados), no aprendizado de máquina treina-se o algoritmo para que ele possa aprender por conta própria, e até mesmo conseguir resultados que os desenvolvedores dos algoritmos nem mesmo poderiam imaginar anteriormente. Neste treinamento, há o envolvimento de grandes quan-

---

sion Paper of Mckinsey Global Institue – 2017, também disponível em: https://www.mckinsey.com/~/media/McKinsey/Industries/Advanced%20Electronics/Our%20Insights/How%20artificial%20intelligence%20can%20deliver%20real%20value%20to%20companies/MGI--Artificial-Intelligence-Discussion-paper.ashx, acesso em 07 novembro de 2018.

[276] Em entrevista concedida à revista Wired, disponível em: https://www.wired.com/story/emmanuel-macron-talks-to-wired-about-frances-ai-strategy/, acesso em 07 de novembro de 2018.

[277] Veja, por exemplo, os diagnósticos de exames por imagens feitos por meio de algoritmos que já venceram a margem de erros diagnosticados por análises feitas por seres humanos. Disponível em: https://www1.folha.uol.com.br/equilibrioesaude/2018/02/inteligencia-artificial-supera-medicos-ao-ver-exames-de-imagem.shtml, acesso em 07 de novembro de 2018.

tidades de dados que precisam ser alimentadas para o algoritmo (ou aos algoritmos envolvidos), permitindo que o algoritmo se ajuste e melhore cada vez mais os seus resultados.

Os assistentes virtuais como Siri (desenvolvido pela Apple), Alexa (desenvolvido pela Amazon) e Cortana (desenvolvida pela Microsoft) utilizam processamento de linguagem natural para entender comandos de voz – marcar compromissos numa agenda, encontrar músicas, responder perguntas e até mesmo ajustar o volume do som ou do ar-condicionado ou, inclusive, a intensidade de luz de equipamentos a eles conectados – através de um alto-falante ou smartphone. A rapidez é tanta, que o assistente virtual da Google já promete ultrapassá-los[278]. Carros atuais em ambientes de estrada já usam visão computacional para operar uma série de sistemas de segurança, como analisar o trânsito ao redor do veículo e frear automaticamente caso haja um perigo à frente do usuário-motorista[279].

Para tanto, o veículo precisa ser capaz de identificar rapidamente diferentes imagens, prever o que poderia acontecer e tomar uma decisão sobre o que fazer, tudo por meio de algoritmos. Podemos observar seus usos em *sites* de compras populares, que utilizam a inteligência artificial para acompanhar o que determinado usuário procura, o que ele compra e o que favorita para um futuro olhar ou pesquisa e, então, usa tais informações para personalizar os produtos e serviços que vão lhe recomendar em tempo real. Visa-se a economia de tempo na hora das busca pelo cliente e para os vendedores, o poder de prever a demanda de produtos e consequentemente a presença e utilização de estoques certos no momento e lugar certo, o que diametralmente encurta o tempo de entrega e maximiza as chances de venda[280]. Outro exemplo corriqueiro encontra-se na capacidade dos bancos em proteger o dinheiro de seus correntistas. A inteligência artificial

---

[278] Disponível em: http://idgnow.com.br/internet/2018/05/18/artigo-por-que-o-google-assistente-vai-superar-alexa-siri-e-cortana/, acesso em 07 de novembro de 2018.

[279] É o caso, por exemplo, do modelo Volkswagen Passat vendido desde 2016 que é equipado com frenagem automática por algoritmos. Disponível em: https://revistaautoesporte.globo.com/Noticias/noticia/2016/01/os-12-mimos-mais-legais-do-volkswagen-passat.html, acesso em 07 de novembro de 2018.

[280] *passim* LUGER, G. F. *Inteligência Artificial*: Estruturas e Estratégias para a Solução de Problemas Complexos. Bookman, Porto Alegre, 2004. Ver também o artigo disponível em: https://www.ecommercebrasil.com.br/artigos/conheca-o-rei-da-personalizacao-o-algoritmo-de-recomendacao/, acesso em 07 de novembro de 2018.

é usada para monitorar, constantemente, contas bancárias em busca de atividades fraudulentas em potencial. Os sistemas acompanham todas as compras realizada pelo correntista ao longo do tempo e então constrói um perfil com seus hábitos de compra. Munido, então destes dados, o sistema algoritmo pode rapidamente sinalizar compras que parecem anormais ou que fogem do perfil especificado.

Maior exemplo está no aprendizado de máquina utilizado para melhorar significativamente a visão realizada por computadores (a capacidade de uma máquina reconhecer um objeto em uma imagem ou vídeo). Até pouco tempo, diferentemente das máquinas, apenas os seres humanos poderiam marcar imagens que contém um cachorro, um poste ou placas de trânsito frente àquelas que não os possuem. O algoritmo de aprendizagem constrói um modelo que pode marcar com precisão uma imagem como contendo um cachorro ou não, assim como um ser humano. Uma vez que o nível de precisão é alto o suficiente, a máquina "aprende" como é um cachorro, como ele se parece e a identificá-lo em problemas futuros e semelhantes. Tal tecnologia está presente no algoritmo do Facebook, e em tantos outros aplicativos, que já reconhecem muitos dos rostos de amigos do usuário em fotos postadas por ele, habilitando a marcação de seus perfis com seus nomes[281], quer você entenda isso como invasão de privacidade ou não[282]. Chegamos ao ponto, inclusive, de ter o reconhecimento de imagem substituindo os cartões de identificação em empresas[283].

Sistemas de visão, como os utilizados em carros automatizados, anteriormente cometiam erros na identificação de pedestres à taxa de 1 por 30 quadros (as câmeras desses sistemas registram cerca de 30 quadros por segundo). Mas atualmente eles erram com frequência menor que um em 30 milhões de quadros. A taxa de erro no reconhecimento de imagens a partir de uma grande base de dados chamada ImageNet, com vários milhões de fotografias comuns, confusas ou completamente esquisitas, diminuiu de mais de 30% em 2010 para 4% em 2016, nos melhores

---

[281] Disponível em: https://www.techtudo.com.br/noticias/2017/12/facebook-muda-reconhecimento-facial-e-avisa-quando-voce-aparece-em-fotos.ghtml, acesso em 07 de novembro de 2018.

[282] Disponível em: https://tecnoblog.net/235399/facebook-aviso-reconhecimento-facial/, acesso em 07 de novembro de 2018.

[283] Disponível em: http://www.consumidormoderno.com.br/2018/02/07/reconheciment-facial-sorria-voce-esta-sendo-identificado/, acesso em 07 de novembro de 2018.

sistemas de reconhecimento facial, como nos mostra o quadro e gráfico a seguir:

**"CACHORRINHO OU BOLINHO":
OS PROCESSOS NO
RECONHECIMENTO DE IMAGEM**
As máquinas tiveram avanços reais para distinguir entre categorias de imagens com aparência similar.

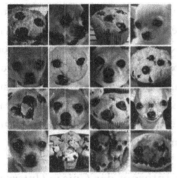

KAREN ZACK/©TEENYBISCUIT

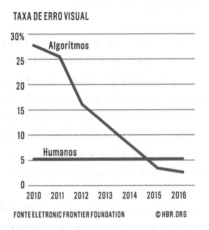

FONTE ELETRONIC FRONTIER FOUNDATION ©HBR.ORG

O que nos leva ao chamado aprendizado profundo (*Deep Learning*) que é uma das várias abordagens para o aprendizado de máquinas. Outras abordagens incluem aprendizagem por meio de árvores de decisão (*decision tree learning*), programação de lógica indutiva (*inductive logic programming*), agrupamento (*clustering*), aprendizagem de reforço (*reinforcement learning*), redes bayesianas (*Bayesian networks*), entre outros[284]. A aprendizagem profunda foi inspirada na estrutura e nas funções do cérebro humano, como na interligação presente entre os neurônios; da sua conjugação com o *Big Data* fomenta-se a realização ou construção das redes neurais.

As redes neurais artificiais (*Artificial Neural Networks* – ANNs), por sua vez, são algoritmos que imitam a estrutura biológica do cérebro humano. Nas ANNs, existem "neurônios" que possuem várias camadas e conexões com outros "neurônios". Cada camada (*layer*) escolhe um recurso específico para aprender, como curvas e bordas no reconhecimento de uma ima-

---

[284] RUSSEL, Stuart J.; NORVIG, Peter. *Inteligência artificial*. Rio de Janeiro: Elsevier, 2013, p. 806-810.

gem, por exemplo. A aprendizagem profunda tem o seu nome em razão dessas várias camadas a serem estudadas e atravessadas. A profundidade é criada com a utilização de múltiplas camadas em oposição a uma única camada de aprendizado pelo algoritmo[285]. Esses algoritmos de aprendizado profundo formam as "redes neurais" e estas rapidamente podem ultrapassar a nossa capacidade de compreender todas as suas funções, segundo Russel e Norvig[286]:

> Desde 1943, têm sido desenvolvidos modelos muito mais detalhados e realistas, tanto de neurônios como de sistemas maiores no cérebro, levando ao campo moderno da neurociência computacional. Por outro lado, os pesquisadores de IA e os estatísticos tornaram-se interessados nas propriedades mais abstratas das redes neurais, tais como sua capacidade de realizar computação distribuída, de tolerar entradas ruidosas e aprender. Embora entendamos agora que outros tipos de sistemas — incluindo redes bayesianas — têm essas propriedades, as redes neurais permanecem uma das formas mais populares e eficazes de aprendizagem do sistema e são dignos de estudo.

Portanto, a inteligência artificial e a Internet das Coisas (*Internet of things*) estão intrinsecamente entrelaçadas, como é a relação entre o cérebro e o corpo humano. Nossos corpos coletam as entradas sensoriais, como visão, som e toque. Como nossos cérebros recebem esses dados e dão sentido ou significado a eles, por exemplo, transformando a luz em objetos reconhecíveis, transformando os sons em discursos compreensíveis e assim por diante, que nos torna possível, então, tomar decisões, enviando sinais de volta para o corpo para comandar movimentos como pegar um objeto ou dizer uma palavra. A Internet das coisas nada mais é do que a capacidade de determinados utensílios (como geladeiras, carros e demais eletrodomésticos) colherem dados de seu ambiente e a capacidade de os comunicarem a outros algoritmos, assim como a maior parte das inovações da era digital foram criadas de maneira colaborativa, a internet das coisas prima pela habilidade destes algoritmos em trabalhar em equipe[287].

---

[285] Idem, p. 842-845.
[286] Idem, p. 843
[287] Disponível em: https://www.zdnet.com/article/what-is-the-internet-of-things-everything--you-need-to-know-about-the-iot-right-now/, acesso em 07 de novembro de 2018.

Como assim constatamos, a massificação contratual como fenômeno social, embora manifeste-se em muitos campos científicos – como já destacado anteriormente no presente trabalho, merece uma análise aprofundada em alguns aspectos específicos na gama de tecnologias disponíveis em dias atuais. Já que, repensando o superficial e o contemporâneo, como já dito por Lipovetsky, o passado não importa, nem a moda nem o luxo, nem mesmo o consumo e a prosperidade, quando se busca uma felicidade paradoxal. Fazer aquilo que se gosta e sentir prazer nisso, portanto, é o que realmente importa para o indivíduo em dias atuais, no pensamento do sociólogo francês, pois esta é a forma suprema de liberdade, como dito anteriormente e, da análise, mesmo que superficial dos algoritmos e do que estes podem fazer, esta forma de liberdade é atendida, de maneira muito mais rápida e eficiente, através da inteligência artificial. A pergunta que resta apenas é qual ou quais os efeitos jurídicos que tais algoritmos inferem sobre a relação jurídica.

Capítulo 3
Dos Efeitos Jurídicos da Relação Algorítmica

3.1 A Relação Algorítmica
O uso de algoritmos e da inteligência artificial que estes procuram promover, ou outras tantas inovações tecnológicas advindas dos algoritmos cada vez mais difundidos na sociedade e em diversos setores do mercado traz algumas preocupações ou indagações sociais, econômicas e jurídicas. Por essa razão, tendo em vista o potencial disruptivo dessas soluções tecnológicas, afetam-se questões sensíveis à sociedade e ao direito, como privacidade de informações e segurança da informação, a ética no relacionamento homem-máquinas, a responsabilização pelos atos do algoritmo, bem como a despersonalização dos serviços, antes prestados apenas por humanos.

O escândalo envolvendo o vazamento de dados de usuários do Facebook que veio à tona em março de 2018[288] (que fez com que a empresa perdesse US$ 49 bilhões de seu valor e mais de 44% dos usuários americanos[289]), revelou uma vulnerabilidade que se imaginava incomum: algoritmos utilizados pela empresa Cambridge Analytica conseguiram obter dados pessoais e do comportamento de 50 milhões de usuários do Facebook e os utilizaram para dirigir campanhas nas redes sociais pela saída

---

[288] Disponível em: https://brasil.elpais.com/brasil/2018/03/19/internacional/1521500023_469300.html, acesso em 11 de novembro de 2018.

[289] Disponível em: http://www.meioemensagem.com.br/home/ultimas-noticias/2018/09/10/nos-eua-44-deletaram-app-do-facebook.html, acesso em 11 de novembro de 2018.

do Reino Unido da União Europeia e orientar o eleitorado americano em favor da candidatura de Donald Trump à presidência dos Estados Unidos. Esse caso do Facebook é um grande exemplo dos desafios éticos e jurídicos gerados pela disseminação do uso de algoritmos, embora o vazamento e uso indevido dos dados sejam apenas uma parte do problema[290], uma vez que a oferta de dados se tornou tão importante na construção de algoritmos quanto o desafio de programá-los, que podemos perceber, também, com o caso da Uber, que por um ataque cibernético teve a exposição de dados de mais de 57 milhões de usuários americanos, incluindo 196 mil brasileiros[291].

Na maioria dos casos, o algoritmo nos leva a repensar as concepções do Direito, inclusive em suas áreas mais clássicas ou solidificadas, bem como o papel do Estado e do mercado, levando a uma reformulação ou ao redimensionamento de conceitos tradicionais como a privacidade e o consentimento[292], por exemplo, ou por que não também numa revisão do conceito estrutural de objeto e sujeito dentro das relações jurídicas. É claro que, em um mundo cada vez mais automatizado, em que a vigilância constante se torna a regra, o impacto gerado sobre os direitos e liberdades individuais adquire caráter substancial, provocando discussões em relação à privacidade dos dados e a propriedade das tecnologias. Segundo afirma Ben Winzer, a automação sem restrições legais pode levar à tirania[293]:

---

[290] Disponível em: https://exame.abril.com.br/tecnologia/o-escandalo-de-vazamento-de--dados-do-facebook-e-muito-pior-do-que-parecia/, acesso em 11 de novembro de 2018.

[291] Disponível em: https://tecnologia.uol.com.br/noticias/bloomberg/2018/09/26/uber-pagara-us-148-mi-em-acordo-nos-eua-por-violacao-de-dados.htm?fbclid=IwAR1uxRwqeuE2gcjLLf6R9ZHSDQZ9bOO1v4ySaSIngBY2wVfrEAuiYPatSak, acesso em 11 de novembro de 2018.

[292] AGUIAR, Ricardo. *Inteligência artificial e machine learning*: o que a sociedade pensa sobre seus riscos e benefícios? Disponível em: https://www.sprace.org.br/divulgacao/noticias/inteligencia-artificial-e-machine-learning, acesso em 10 de novembro de 2018.

[293] Em tradução livre: "Quando colocamos a 'inovação' dentro – ou no topo – de uma hierarquia normativa, teremos um mundo que reflete interesses particulares ao invés de valores públicos. Logo, se não devemos confiar apenas nos tecnólogos – e nas corporações e governos que empregam a grande maioria deles – então qual deveria ser nossa estrela guia? Liberdade, igualdade e justiça são os valores que definem uma democracia constitucional. Cada um desses é ameaçado pelo aumento da automação sem restrições por fortes proteções legais. A liberdade é ameaçada quando a arquitetura de vigilância que já construímos é treinada, ou treina a si mesma, para rastrear-nos de forma abrangente e tirar conclusões com base em nossos padrões de comportamento público. A igualdade é ameaçada quando a tomada de

When we place "innovation" within – or top – a normative hierarchy, we end up with a world that reflects private interests rather than public values. So if we shouldn't just trust the technologists — and the corporations and governments that employ the vast majority of them — then what should be our north star? Liberty, equality, and fairness are the defining values of a constitutional democracy. Each is threatened by increased automation unconstrained by strong legal protections. Liberty is threatened when the architecture of surveillance that we've already constructed is trained, or trains itself, to track us comprehensively and to draw conclusions based on our public behavior patterns. Equality is threatened when automated decision-making mirrors the unequal world that we already live in, replicating biased outcomes under a cloak of technological impartiality.

Ao passo que, na visão de Daniel Lacalle[294]:

A inteligência artificial não me preocupa; é a estupidez humana o que me aterroriza. O debate sobre a tecnologia e seu papel na sociedade está sendo manipulado para enganar os cidadãos e amedrontá-los quanto ao futuro. O intuito é, por meio do medo, fazê-los aceitar a se submeter a políticos e suas leis, as quais simplesmente não podem proteger o indivíduo dos desafios da robotização. Entretanto, sempre há aquela enxurrada de estudos nos alertando que, daqui a 50 anos, a vasta maioria do trabalho será feita por robôs, e não haverá empregos para ninguém. O que podemos fazer? Já faz décadas que vivemos essa falácia das estimativas distópicas. Se fossemos acreditar em todos os estudos que "preveêm o que acontecerá daqui a 50 anos", já era para estarmos sem água, petróleo e empregos há pelo menos dezessete anos. [...]. A realidade é que, hoje, a população mundial chegou a 7,5 bilhões de pessoas e, não obstante toda a revolução tecnológica, nunca tivemos tanto trabalho a ser feito. Não só a necessidade de nenhum trabalho foi abolida, como novos trabalhos até então inimaginados surgiram.

Neste mesmo sentido, segundo afirma Steve Lohr[295]:

decisão automatizada reflete o mundo desigual em que vivemos, replicando resultados tendenciosos sob um manto de imparcialidade tecnológica." WIZNER. Ben. *Artificial intelligence at any cos tis a recipe for Tyranny*. Disponível em: https://www.aclu.org/blog/privacy-technology/surveillance-technologies/artificial-intelligence-any-cost-recipe-tyranny, acesso em 10 de novembro de 2018.

[294] LACALLE, Daniel. *A automação e os robôs não causam desemprego; quem causa são os políticos*. Disponível em: https://www.mises.org.br/Article.aspx?id=2915, acesso em 11 de novembro de 2018.

[295] LOHR, Steve. *Saiba como a inteligência artificial pode ser usada a favor do direito*. Disponível em:

Em janeiro, a consultoria McKinsey divulgou um novo estudo dizendo que, embora quase metade de todas as tarefas possam ser automatizadas com a tecnologia atual, somente 55 dos empregos seriam inteiramente automatizados. Com base nesta definição, a McKinsey estima que apenas 23% do trabalho de um advogado poderá ser automatizado.

Desta feita, conforme podemos observar, o uso dos algoritmos implica em novos desafios que, até o presente momento, não eram objeto de discussão ou preocupação do Direito, logo, os institutos jurídicos até então existentes podem não ser mais úteis ou aplicáveis, tornando necessário o desenvolvimento de novos raciocínios e soluções jurídicas para sua proeminência. Diante de tal realidade, é necessário adaptação e abertura por parte dos juristas a essas relações algorítmicas, ou a inter-relações e intermediações por algoritmos em inúmeras áreas da vida, no sentido de se repensar a configuração de suas profissões ou de se reconciliar com as tecnologias. A não adaptação do profissional em tempos disruptivos pode implicar diretamente na não-sobrevivência do profissional no mercado de trabalho[296] e na total obliteração do alerta, antes feito já em 1989, pelo autor italiano Renato Borruso de que "se o jurista se recusar a aceitar o computador, que formula um novo modo de pensar, o mundo, que certamente não dispensará a máquina, dispensará o jurista. Será o fim do Estado de Direito e a democracia se transformará facilmente em tecnocracia."[297]

Com isto, diante da já apontada sofisticação das tecnologias algorítmicas em capítulos anteriores, bem como da sofisticação do sujeito – um dos pilares estruturais da relação jurídica –, a qual seja o crescimento da pessoa de direitos no cenário legal frente à prevalência ou hipertrofia da dignidade da pessoa humana, é natural que o outro lado da relação jurídica, também estruturante e dela correlata, seja instada a se sofisticar ou a passar

---

https://link.estadao.com.br/noticias/inovacao,saiba-como-a-inteligencia-artificial-pode-ser-usada-a-favor-do-direito,70001713918, acesso em 10 de novembro de 2018.

[296] SALMERÓN, Miriam Guardiola. *10 tecnologías que cambiarán la Abogacía*. Disponível em: https://www.abogacia.es/2017/03/01/10-tecnologias-que-cambiaran-la-abogacia/, acesso em 10 de novembro de 2018.

[297] ATHENIENSE, Alexandre Rodrigues; RESENDE, Tatiana Carneiro. *A inteligência artificial e outras inovações tecnológicas aplicadas ao direito*. In FERNANDES, Ricardo Vieira de Carvalho; COSTA, Henrique de Araújo; CARVALHO, Angelo Gamba Prata de (Coord.). *Tecnologia jurídica e direito digital I*: Congresso Internacional de Direito e Tecnologia-2017. Belo Horizonte: Fórum, 2018, p. 91, apud BORRUSO, Renato. Computer e diritto. Milão, [s.n], 1989.

por um processo de complexidade lógica – que não deixa de ser arriscada, a qual seja, o superdimensionamento do objeto ou sua personificação, para se manter firme sobre seus dois alicerces estruturais: o sujeito e o objeto.

Isto porque, não se pode compreender o Direito de forma estática, como já discutido anteriormente, levando-o em conta apenas como um complexo de textos normativos, pois este sofre influências de inúmeros setores ou ciências como a política, a economia e a cultura (que hoje é feita por meio dos algoritmos como também já apontamos), uma vez que, se estático fosse, estaria fadado a permanecer defasado eternamente, pois, em não acompanhando o desenvolvimento social do agrupamento no qual está inserido, não serviria como instrumento de justiça ou pacificação social, podendo, como dito anteriormente, legitimar, inclusive, o desenvolvimento ou surgimento de regimes antidemocráticos. Logo o Direito deve ser enxergado como valor e não apenas um fato desconexo, na toada do desemprego *versus* tecnologia, Lacalle mais uma vez evidencia[298]:

> As sociedades mais robotizadas do mundo não apenas não vivenciam maiores taxas de desemprego como, ao contrário, suas taxas estão entre as menores. De acordo com dados da International Federation of Robotics (Federação Internacional de Robótica), em 2016, Coreia do Sul, Cingapura, Alemanha e Japão tinham as maiores taxas de automação e robotização das funções do trabalho (631, 488, 309 e 303 robôs por 10.000 empregados, respectivamente) e o desemprego era menor que 3,9%. Enquanto isso, países que subsidiam setores de baixa produtividade e que colocam o estado como o agente «protetor» possuem taxas de desemprego mais altas. A França, que possui bem menos da metade de robôs que Coreia do Sul e Cingapura (132 por dez mil empregados), tem uma taxa de desemprego três vezes maior que a de países altamente robotizados. O mesmo ocorre com a Espanha, cuja taxa de desemprego chega a ser mais de cinco vezes maior. A McKinsey estima que praticamente metade dos ganhos de competitividade dos próximos 50 anos será explicada pela digitalização e pela automação. Isso significa salários mais altos em todos os setores, mesmo para aqueles que utilizam mão-de-obra menos qualificada.

Portanto, o sistema normativo não está apto a acompanhar a velocidade de mudanças de hábitos em um mundo tão disruptivo. Até que o Estado

---

[298] LACALLE, Daniel. A automação e os robôs não causam desemprego; quem causa são os políticos. Disponível em: https://www.mises.org.br/Article.aspx?id=2915, acesso em 11 de novembro de 2018.

se adapte (se é que conseguirá) à velocidade das relações algorítmicas, a incompatibilidade entre regulamentações existentes e novas dinâmicas fáticas continuará a dar vazão a conflitos que serão resolvidos (leia-se apaziguados apenas) nas esferas do Judiciário. A instabilidade normativa nunca foi tão grande e, nunca também, o Judiciário foi tão relevante para dar segurança jurídica em uma realidade cada vez mais rápida e inconstante, razão pela qual, passaremos a um estudo de possível adaptação, ou congruência das normas existentes frente às mudanças trazidas pelos algoritmos e de que forma poderíamos sujeitar os algoritmos neste ordenamento de até então: aos objetos ou aos sujeitos.

3.1.1. O Algoritmo como Objeto de Direito

Inicialmente, como já apontamos no começo deste trabalho, são elementos da relação jurídica o elemento subjetivo e o objetivo. E, maior importância tem sido dada ao elemento subjetivo da relação, que é a pessoa, cuja dignidade deve ser assegurada acima, aquém ou sem considerar seu patrimônio. Classicamente, a pessoa é o único ente que pode integrar um dos polos da relação jurídica, sendo denominada de sujeito ativo ou sujeito passivo. Contudo, há duas categorias de pessoas no ordenamento jurídico: a pessoa física ou natural e a pessoa jurídica ou entidade moral. Logo, os demais entes que não se enquadram nestas duas categorias não podem, em via de regra, ocupar a posição jurídica de parte de uma relação, mas tão somente a posição de objeto[299]. Com isso, o elemento objetivo da relação jurídica é o que se convencionou chamar – segundo orientação liberal –, de o bem da vida. E, muitas vezes, a própria pessoa ou alguns caracteres a ela inerentes podem ser objeto de direitos, o que evidencia nítida visão patrimonialista já rechaçada pelo crescente movimento da Dignidade da Pessoa Humana e do já estudado Direito Civil Constitucional.

O conceito de personalidade jurídica, no ordenamento civil brasileiro, é intimamente ligado ao conceito de pessoa, ao passo que todo aquele que

---

[299] Necessária ressalva deve ser feita no tocante ao nascituro, que apesar de não ser formalmente considerado como pessoa, tem sua situação preservada como tal, garantindo-se lhe os direitos decorrentes de sua futura condição, a se concretizar com o nascimento com vida, conforme artigo 2º, do Código Civil vigente. BRASIL, Código Civil, art. 2º: "A personalidade civil da pessoa começa do nascimento com vida; mas a lei põe a salvo, desde a concepção, os direitos do nascituro.".

tem seu nascimento com vida, adquire personalidade, qualidade inerente ao ser humano. Por meio dessa personalidade, frise-se, adquirida apenas com o nascimento com vida, o ser humano é inserido na ordem jurídica com consequentes direitos e obrigações na esfera civil[300]. Nesse sentido, é possível perceber que, dentre muitos doutrinadores, há certa confusão com relação aos termos "pessoa" e "sujeito de direito", bem como com seus significados.

De acordo com o artigo 1º do Código Civil brasileiro, pessoa é todo ente capaz de direitos e deveres na ordem civil, que pode ser física ou jurídica[301]. Portanto, sujeito de direito é o centro de imputações de direitos e obrigações, referidos em normas jurídicas, com a finalidade de orientar a superação de conflitos de interesses que envolvem, direta e indiretamente, homens e mulheres num contexto de convívio social. Logo, nem todo sujeito de direito é pessoa e nem todas as pessoas, para o Direito, são necessariamente seres humanos. Com isso, pessoa é o ente natural ou jurídico que tem a possibilidade de contrair direitos e deveres, passo em que se torna sujeito de direitos. Os sujeitos de direito são, então, classificados conforme seu objeto, assim sendo, referentes à pessoa física ou natural, ou à pessoa jurídica e demais entes despersonalizados, tais como o espólio, a massa falida, dentre outros. No que tange à distinção entre os seres personalizados ou despersonalizados está a capacidade de praticar todos os atos da vida civil[302]. Logo, pessoas são sujeitas de uma relação jurídica que traz consigo o mínimo de proteção fundamental, necessária para realização de tais atividades, compatíveis e adequadas à suas necessidades. Para Fábio Ulhoa a definição de sujeito de direito é até mais abrangente que o próprio conceito de pessoa, uma vez que o primeiro termo ou instituto inclui também os entes despersonalizados, aqueles que somente poderão praticar atos previstos em lei, condizentes com a sua finalidade[303].

Vale ressaltar, desde logo, que existem considerações importantes a respeito da personificação dos animais, equiparando-os juridicamente aos seres humanos absolutamente incapazes, em utilização da teoria dos

---

[300] BRASIL, Código Civil: Artigos 233 a 420.
[301] BRASIL, Código Civil, art. 1º: "Toda pessoa é capaz de direitos e deveres na ordem civil.".
[302] *passim* GONÇALVES, Carlos Roberto. Direito Civil Brasileiro: Parte Geral. São Paulo: Saraiva, 2015.
[303] *passim* COELHO, Fábio Ulhoa. *Curso de direito civil*. São Paulo: Saraiva, 2012.

entes despersonalizados, sendo os animais sujeitos de direitos relacionados em uma categoria intermediária entre coisa e pessoa, porém, criticada por alguns doutrinadores, já que se baseariam meramente na atribuição de deveres ao homem para com os animais, e não a uma concessão de direitos fundamentais àqueles[304]. Na linguagem jurídica o sujeito de direitos equivale-se ao conceito de pessoa, natural ou jurídica, em que pessoas naturais ou físicas são seres humanos propriamente ditos, e as pessoas jurídicas são instituições ou entidades, capazes de adquirir direitos e obrigações, como é o caso das autarquias, fundações, sociedades civis e/ou comercias, incluindo-se até mesmo, o próprio Estado.

Desta feita, a personalidade (que não deve ser confundida com a capacidade) é estendida a todos os seres humanos, ligada a eles de maneira perpétua e permanente, que também, constitui condição preliminar de todos os direitos e deveres, que só pode ser enxergada pelo viés dos direitos da personalidade que são, dentre outros, o direito à vida, à liberdade, ao nome, ao próprio corpo e à imagem e à honra, o que conforme nos diz Nelson Rosenvald[305]:

> [...] a noção de personalidade só assume concretude se for assumida como direitos da personalidade, valor intrínseco à condição humana que antecede ao ordenamento jurídico, concernente aos atributos existenciais de cada ser humano. Trata-se de valor-fonte que não pode ser fracionado pela lei, mas tão somente por ela reconhecido e dignificado. A capacidade, ao contrário, diz respeito à subjetividade, a idoneidade do indivíduo de titularizar relações patrimoniais. Daí que o direito reconhece a personalidade e concede a capacidade, sendo infenso ao legislador mitigar o valor da personalidade. Na qualidade de medida de um valor, a capacidade pode sofrer restrições legislativas, desde que razoáveis e motivadas na própria proteção da pessoa.

O autor ainda prossegue, no tocante à personalização da personalidade, baseando-se na ampla aplicação e interpretação do princípio da dignidade humana e do direito civil constitucional que já anteriormente apontamos[306]:

---

[304] *passim* LOURENÇO, Daniel Braga. *Direito dos animais*: Fundamentação e novas perspectivas. São Paulo: Safe, 2008.
[305] ROSENVALD, Nelson. *O Direito Civil em movimento*. Salvador: JusPodivm, 2018, p. 45.
[306] Idem, p. 46.

Infelizmente, essa premissa teórica jamais fora concretizada no Brasil até 2016. A personalidade não era personalizada, pois prevalecia no CC/02 a teoria oitocentista das incapacidades, que assumia como um dogma a neutralização do indivíduo como absolutamente incapaz por ausência de discernimento. No conjunto da sociedade brasileira do século XXI não causava espanto o fato de uma sentença de interdição despojar a pessoa da aptidão de exercer pessoalmente os seus atributos existências, sendo substituída pelo alter ego do curador no exercício de sua personalidade. Percebam, o paradoxo: humanizam-se negócios jurídicos, titularidades, conjugalidades, parentalidades, enquanto o ser humano prosseguia encarcerado na redoma abstrata do "louco todo o gênero", agente incapaz, cujo isolamento se mostrava essencial para o adequado funcionamento da sociedade civil.

Portanto, com o advento do Estatuto da Pessoa com Deficiência (Lei 13.146/15), exigência da internalização da Convenção Internacional das Pessoas com Deficiência que o legislador compreendeu e, assim, legiferou de uma vez por todas, que apenas no mundo da capacidade pode haver separação entre titularidade e o exercício de situações jurídicas, cujo preciso pensamento está inserido no art. 85 da referida lei, em que se põe fim à banalização da personalidade por sentenças, ao delimitar as fronteiras existentes entra a personalidade e a capacidade. Neste sentido Nelson Rosenvald alerta[307]:

> Transferir compulsoriamente para um curador poderes para decidir sobre a própria existência do curatelado implica em uma delegação coercitiva de direitos fundamentais, o resgate da "morte civil" dos tempos de Roma. Evidente que a mais bem-intencionada lei não pode cobrir a multifacetada realidade. Todos nós conhecemos ou convivemos com pessoas que não podem (v.g. estado vegetativo persistente, Alzheimer avançado) absolutamente decidir sobre a sua própria intimidade e vida privada. Nesses casos extremos a representação será mais ampla, compreendendo também a curatela sobre a dimensão existencial da pessoa.

Diante disso, o Código Civil Brasileiro de 2002 é organizado em sua parte geral, não por acaso, com o capítulo referente às pessoas antes do capítulo destinado aos bens, nessa ordem exata e de forma imediata para demonstrar a função de uns pelos outros. Assim, os artigos do Livro I (art. 1º a 78) regulam pessoas naturais e jurídicas, seguido do Livro II (art. 79

---

[307] Ibidem.

a 63) que regulamenta os ditos bens da vida ou bens jurídicos. Como não há na legislação civil brasileira especificação alguma quanto à natureza jurídica dos animais, esses continuam ostentando a qualidade de bens móveis, ou de semoventes, a depender do caso concreto. Como é sabido, bens são coisas materiais ou imateriais, móveis ou imóveis que possuem valor econômico, coisas úteis e/ou raras que despertam disputa entre as pessoas e que podem servir de objeto de uma relação jurídica. Os bens são dotados de três características para que possam ser objetos de uma relação jurídica, quais sejam: idoneidade para satisfazer um interesse econômico, gestão econômica autônoma e subordinação jurídica ao seu titular[308], isto é, serem dotados de valor econômico, serem passíveis de troca, venda ou qualquer movimentação ou transferência e estarem sujeitos às ações e vontades de seus detentores ou proprietários.

Desta forma, de acordo com o Código Civil, a obrigação de reparar o dano não se limita às condutas realizadas pela própria pessoa, pois incluem-se na responsabilidade do dono ou detentor, as condutas danosas realizadas por seu animal ou demais bens móveis. Assim, desde que provada a sua culpa, o proprietário responderá por tudo aquilo que é seu. Sobre o tema, o legislador entendeu que determinados bens têm potencialidade maior de causar danos do que outros bens, por isso, nos artigos 936, 937 e 938, tratou de três casos autônomos de danos ocasionados pela coisa ou bem, da seguinte forma:

> Art. 936. O dono, ou detentor, do animal ressarcirá o dano por este causado, se não provar culpa da vítima ou força maior.
>
> Art. 937. O dono de edifício ou construção responde pelos danos que resultarem de sua ruína, se esta provier de falta de reparos, cuja necessidade fosse manifesta.
>
> Art. 938. Aquele que habitar prédio, ou parte dele, responde pelo dano proveniente das coisas que dele caírem ou forem lançadas em lugar indevido.

Da redação do art. 936 do Código Civil, extrai-se a responsabilidade objetiva do dono, porém, uma responsabilidade condicionada, sem risco integral, pois permite-se sua exclusão em havendo caso fortuito ou força maior. Para melhor compreensão, convém esclarecer que, no que tange a

---

[308] *passim* DINIZ, Maria Helena. *Curso de direito civil brasileiro*: teoria geral do direito civil. São Paulo: Saraiva, 2014.

responsabilidade, o diploma civil tem por regra a responsabilidade subjetiva, isto é, aquela que depende de comprovação de culpa por parte da vítima e o seu devido nexo causal, mas o sistema também admite a culpa presumida, caso em que se inverte o ônus probatório. Por outro lado, o Código Civil prevê a responsabilidade sem culpa, ou seja, a responsabilidade objetiva, baseada no risco. Contudo, note-se que, mesmo que a lei não tenha previsto determinada atividade como de risco, o juiz poderá transformar a responsabilidade que nasceu subjetiva em objetiva a depender do caso concreto. Para tanto, no caso específico de animais não-humanos, ou os ditos domésticos ou domesticáveis há presunção de responsabilidade do dono do animal que possui o dever de vigilância sobre ele, mas tal responsabilidade por ser amenizada em razão de um juiz, no caso concreto, reconhecer a existência de culpa concorrente da vítima para que o dano discutido ocorresse.

O nexo causal é um dos elementos da responsabilidade que pode ser conceituado como o liame ou conexão que une o resultado danoso à conduta do agente. Para explicar o nexo de causalidade existem três grandes teorias, quais sejam: a teoria da equivalência das condições, a teoria da causalidade adequada e a teoria da causalidade direta ou imediata. A Teoria da equivalência das condições é considerada por muitos como radical, ou inconsequente, uma vez que todo antecedente imaginável é causa do dano, e segundo Gustavo Tepedino isso pode levar a responsabilização ao infinito. Apesar dessa teoria estar prevista no art. 13 do Código Penal[309] e ter sido aperfeiçoada pela Teoria da Imputação Objetiva, ela não foi adotada pelo Código Civil. Já para a teoria da causalidade adequada se configura como causa todo antecedente abstratamente idôneo à produção do resultado. E, que por fim, para a teoria da causalidade direta a causa é apenas um antecedente fático, que ligado por um vínculo de necessidade ao resultado danoso, determine este como consequência direta ou imediata daquele, isto é, entre o comportamento fático e o resultado deve existir um antecedente fático direto, o que a torna uma teoria mais objetiva e imparcial. Essa última teoria é a defendida por Gustavo Tepedino e Carlos Roberto Gonçalves como sendo a teoria adotada pelo Código Civil vigente.

[309] BRASIL, Código Penal. Art. 13: "O resultado, de que depende a existência do crime, somente é imputável a quem lhe deu causa. Considera-se causa a ação ou omissão sem a qual o resultado não teria ocorrido.".

Portanto, em oposição à noção ou conceito de bens imóveis, trazida pelo artigo 79 do Código Civil[310], entende-se por bens móveis aqueles suscetíveis de movimento próprio, ou de remoção por força alheia, sem alteração de sua substância ou de sua destinação econômico-social. Seja por força própria, seja por força alheia, o que evidencia os bens móveis é o atributo da mobilidade. A mobilidade dos bens, contudo, pode decorrer de sua própria natureza ou essência, por determinação legal ou ainda por antecipação. São bens móveis por sua própria natureza, as coisas inanimadas que podem ser movidas sem alteração de sua substância ou destinação econômica-social, mas, além de tais bens móveis por sua própria natureza, consideram-se, também, como bens móveis aqueles que, ainda que se encontrem acedidos ao solo, destinam-se à futura separação, como é o caso dos frutos das árvores, ou a lenha delas extraídas destinadas à venda. Em tais casos, mesmo temporariamente mantendo uma condição de imobilidade propriamente dita, estes bens são considerados móveis, uma vez que serão destinados à comercialização, daí o porquê da expressão "bens móveis por antecipação".

De igual forma, abstraindo-se do atributo da mobilidade, o próprio legislador entendeu por bem atribuir ou conceder a natureza de bem móvel a outros bens. É o que ocorre, por exemplo, com a energia elétrica e alguns direitos reais e pessoais[311]. Com isto, dividem-se os bens móveis[312] em (i) bens móveis propriamente ditos, compreendendo aqueles suscetíveis de remoção por força alheia, sem alteração da substância ou da destinação econômico-social e (ii) em semoventes, categoria que compreende os bens que possuem a capacidade de movimento próprio, como por exemplo, os animais.

---

[310] BRASIL, Código Civil. Art. 79: "São bens imóveis o solo e tudo quanto se lhe incorporar natural ou artificialmente.".

[311] BRASIL, Código Civil. Art. 83: "Art. 83. Consideram-se móveis para os efeitos legais: I - as energias que tenham valor econômico; II - os direitos reais sobre objetos móveis e as ações correspondentes; III - os direitos pessoais de caráter patrimonial e respectivas ações." e Art. 84: "Os materiais destinados a alguma construção, enquanto não forem empregados, conservam sua qualidade de móveis; readquirem essa qualidade os provenientes da demolição de algum prédio.".

[312] BRASIL, Código Civil. Art. 82: "São móveis os bens suscetíveis de movimento próprio, ou de remoção por força alheia, sem alteração da substância ou da destinação econômico-social.".

Diante disto, em clara subsunção legal, podemos caracterizar os algoritmos como bens ou coisas, passíveis de figurarem como objetos de direitos em relações jurídicas, mas, que em exata medida promovem a dúvida, que de pronto pode ser formulada: o algoritmo como bem é, portanto, um bem móvel ou um semovente? Em sendo semovente, merece ou está equiparado ao mesmo tratamento jurídico dado aos animais de estimação ou não? Isto é, são estes dotados ou não de "movimento próprio", como descrito no artigo 82 do Código civil? Certo é que, os algoritmos e os programas e máquinas formados por eles, em estrita subsunção legal serão sempre considerados bens ou coisas e, pelo menos no ordenamento jurídico atual, em sendo classificados como semoventes, se causarem danos (lesões contratuais, extracontratuais ou descumprimentos legais) à pessoa diversa de seu programador ou empresa financiadora, sujeitá-los-ão ao regime de responsabilidade civil patrimonial ou moral.

Contudo, como se pode diferenciar a pessoa de um bem? O que realmente caracterizaria um dito bem da vida? Quais seus atributos intrínsecos? Sua visão não depende do ponto de vista do observador? Ou o direito positivado que apenas o diz ser o que é? Equiparada discussão a respeito dos algoritmos se encontra frente ao papel, atribuição legal ou proteção jurídica do animal não-humano diante do direito atual, se objeto ou bem, ou se sujeito de direitos, e é sob tal prisma que analisaremos os algoritmos a seguir, mas antes, portanto, necessário é discorrer sobre a questão dos animais e o Direito.

3.1.2. O Algoritmo e seu Superdimensionamento

Os animais não-humanos, de acordo com o Código Civil de 2002, em seu artigo 82, são considerados bens móveis semoventes[313]. Isto é, dotados de movimento próprio, os animais não-humanos são enquadrados como móveis e, doutrinariamente como semoventes, uma ramificação da classificação dos bens móveis. Com isto, uma vez classificados como um bem jurídico, podem integrar uma relação jurídica, sendo assim, objetos de direito. Para a diferenciação atual, frente aos sujeitos de direito, necessária é a presença de capacidade[314], ou a aptidão para o exercício de atos e negócios jurídicos,

---

[313] BRASIL, Código Civil. Art. 82: "São móveis os bens suscetíveis de movimento próprio, ou de remoção por força alheia, sem alteração da substância ou da destinação econômico-social.".
[314] AMARAL, Francisco. *Direito civil*: introdução. Rio de Janeiro: Renovar, 2003, p. 17.

encontrada apenas nos seres humanos, já que decorrem dos direitos da personalidade, atributos de um sujeito.

De igual forma, o conceito de bens jurídicos se diferencia também do conceito de coisa. Bens são coisas materiais ou imateriais que possuem valor econômico, ou certo aspecto de raridade ou atributo esgotável, que podem servir de objeto em uma relação jurídica, enquanto que coisa é matéria útil à satisfação das necessidades do homem, quer sejam esgotáveis ou passíveis de apropriação. Portanto, coisa é tudo aquilo que existe na natureza, seja valioso ou não, disponível ou não e com conteúdo ou valor econômico ou não, que para o ser humano torna-se passível de apropriação figurando como objeto de uma relação jurídica. Contudo, existem coisas que não são suscetíveis de apropriação, a exemplo o ar ou a luz solar. Mas todos os bens jurídicos são coisas, enquanto apenas algumas coisas são bens jurídicos.

Para Francisco Amaral, os animais não-humanos são bens jurídicos, porém dotados de proteção especial, não em razão de sua condição de animal, mas sim em razão do valor que eles trazem para o ser humano, podendo este ser de caráter pecuniário ou moral[315]. Embora a lei proteja esses animais não-humanos, ela não o faz em razão de si mesmos, mas sim na exata medida de proteger o que deles se apropriam, espécie de "frutos" dados aos seres humanos, independente da natureza destes, quer sejam de ordem moral ou não. O mesmo raciocínio pode ser tangenciado no tocante à matéria de maus tratos. Não é pelo não sofrimento do animal que se lhe defende, propriamente dito através de legislações protetivas, mas sim pelo sentimento que tais atos geram em seres humanos, quando confrontados com práticas consideradas desumanas, isto é, que vão de encontro com o conceito de humanidade[316]. Ao passo que, para Sílvio Venosa, tais proteções não os configuram como sujeitos de direito, por não possuírem personalidade, logo, tal proteção é dada, apenas e tão somente, em razão da utilidade ao homem e o repúdio a práticas violentas e desnecessárias[317]. Tais autores foram até aqui citados para evidenciar visão clássica de que os animais não-humanos não são considerados como sujeitos de direitos e sim como objetos de uma relação jurídica pertinente ao interesse humano, o que demonstra percepção reinante, completamente antropocêntrica e, até então dominante, mas que

---

[315] Idem, p. 19.
[316] *passim* PEREIRA, Caio Mário da Silva. *Instituições do direito civil*. São Paulo: Forense, 1997.
[317] VENOSA, Silvio de Salvo. *Direito Civil*: parte geral. São Paulo: Atlas, 2014.

vem sendo gradativamente questionada e reduzida por corrente que garante aos direitos ambientais um valor intrínseco em si mesmo[318].

A concepção de que os animais não-humanos existem apenas para servir o homem, única criatura dotada de racionalidade e, portanto, superior aos demais, autorizaria a subjugação dos animais a condições cruéis sem qualquer cuidado, concepção basilar do antropocentrismo que atualmente enfrenta oposição frente ao biocentrismo, que defende a dignidade moral de seres vivos através de sua senciência, ou seja, a capacidade de sentir dor ou prazer (mitigado) com consciência, ou a dignidade moral total ao ecossistema como um todo[319]. Mas o que realmente caracterizaria um bem, um animal ou um sujeito? Quais seus atributos intrínsecos? Sua visão não depende do ponto de vista de um observador? Ou o direito positivado que apenas o diz ser o que é? Equiparada discussão da personificação dos algoritmos se encontra frente ao papel, atribuição legal ou proteção jurídica do animal não-humano diante do direito atual, se objeto ou bem, ou se sujeito de direitos, e é sob tal prisma que analisaremos o algoritmo a seguir. Mas antes, necessário é discorrer sobre a questão dos animais e o direito, pois, nos dizeres de Renata Freitas[320]:

> O desafio de construir uma moralidade que preze pela preservação incondicional da dignidade é inocência de todos dos seres, humanos ou não, só pode ser vencido com a informação, a educação e a regulamentação normativa eficaz. É imperioso destacar que a educação ambiental, a sensibilização e compaixão para com os animais não-humanos devem ser cada vez mais incentivadas, uma vez que exercem papel fundamental na formação dos cidadãos. Desta forma, nos dias atuais, há uma necessidade imediata de se valorar a vida de todos os seres vivos, sendo necessário disponibilizar ferramentas eficazes para ajustar as condutas humanas e coibir práticas de crueldade que podem tomar dimensões incontroláveis.

---

[318] *passim* DIAS, Edna Cardozo. *A tutela jurídica dos animais*. Belo Horizonte: Mandamentos, 2000.
[319] *passim* MIGLIORE, Alfredo Domingues Barbosa. A personalidade jurídica dos grandes primatas. Tese de Doutorado apresentada perante a Faculdade de Direito da Universidade de São Paulo. São Paulo, 2010. Disponível em: http://www.teses.usp.br/teses/disponiveis/2/2131/tde-20122010-152149/pt-br.php, acesso em 13 de novembro de 2018.
[320] FREITAS, Renata Duarte de Oliveira. *Proteção jurídico-constitucional do animal não-humano*. Revista Brasileira de Direito Animal. Ano 7, volume 10, 2012, p. 325-344.

Diante do contexto ambiental mundial e da iminente fragilidade da fauna, e com a prevalência dos conceitos de dignidade, se faz necessário discutir a posição dos animais não-humanos dentro da órbita jurídica atual, bem como acenar com a suscetibilidade deles possuírem um direito que lhes é próprio e específico, uma vez que o tratamento que se dá aos animais hoje em dia tem gerado um verdadeiro conflito moral no mundo jurídico. Até porque, por um lado, existe o velho paradigma jurídico brasileiro que considera o direito ambiental sob o enfoque antropocêntrico, ou seja, como se tudo o que faz parte da natureza servisse aos interesses humanos exclusiva e tão somente; e de um outro, a moderna e revolucionária corrente do direito ambiental que tenta quebrar velhos paradigmas e inserir temáticas como as do direito dos animais no mundo jurídico, ou seja, em uma luta pela vida de toda e qualquer espécie, não só apenas a humana. Sendo assim, tais vertentes se propõem a elencar a importância de se repensar a vida, não como um direito fundamental inerentemente exclusivo aos homens, mas como inerente aos seres em geral, utilizando-se para tanto de um enfoque jusfilosófico, haja vista que a ciência tem comprovado que os animais não-humanos possuem sentimentos, memória, níveis de inteligência bem como outras características que os aproximam mais aos sujeitos do que às coisas. O que encontra consonância com os dizeres de Marcos de Souza[321]:

> No campo jurídico o conceito de fauna não é expressamente identificado, mas pode ser deduzido de acordo com o já aludido art. 3º, V, da Lei nº. 6.938 de 1981 que dispõe serem recursos ambientais a atmosfera, as águas interiores, superficiais e subterrâneas, os estuários, o mar territorial, o solo, o subsolo, os elementos da biosfera, a fauna e a flora. Daí depreende-se que fauna nada mais é do que um recurso ambiental que deve ser protegido pelo Poder Público dentro do que determina o art. 225 da Constituição [...]. De modo genérico, os animais, dentro de um conceito biológico, são todos aqueles conhecidos pela Taxonomia e determinados dentro desta classificação. As ciências biológicas reconhecem a existência de cinco reinos, a saber: *monera, protista, fungi, plantae* e *animália*. A partir daí determina-se a variabilidade e especificidade de cada espécie enquadrada em cada reino. Os animais mais complexos, contudo, encontram-se no reino animália, no

---

[321] ALONSO DE SOUZA, Marcos Felipe. A condição dos animais no ordenamento jurídico brasileiro. Disponível em: http://www.ambito-juridico.com.br/site/?n_link=revista_artigos_leitura&artigo_id=11489, acesso em 18 de novembro de 2018.

qual o homem está inserido, mas no plano jurídico este não se encontra em semelhança com os demais seres do reino. Há uma clara distinção entre os seres racionais (o homem – *Homo sapiens*) e os irracionais (as demais espécies).

Dentro de tal perspectiva, a função ecológica da fauna, entendida como as atividades que os animais não-humanos desempenham em seu meio, de modo a efetivar os processos ecológicos ali existentes e que tornam o meio ambiente saudável e equilibrado, está também compreendida dentro da própria interação dos conceitos de habitat e nicho ecológico, que segundo Cleffi, "o lugar onde uma espécie vive é seu habitat. O modo de vida dessa espécie, ou seja, sua função na comunidade e a maneira como desempenha essa função, constitui o seu nicho ecológico"[322]. Desta feita, não há porque admitir e teorizar sobre a importância que os animais ocupam no meio ambiente, não apenas como seres inerentes ao meio, mas como verdadeiros seres que fazem parte do direito humano que o homem possui de desfrutar de um meio ambiente ecologicamente equilibrado, como descrito no artigo 225 da Constituição Federal[323], que, estranhamente, parece não ser enxergado na prática, como topograficamente o foi enxergado no texto constitucional: integrante da chamada Ordem Social[324]. Marcos de Souza assim também enxerga, ao dizer que[325]:

> [...] a natureza jurídica do meio ambiente é difusa, melhor dizendo, é um bem de natureza difusa. Difusa também é a determinação jurídica da fauna, que por analogia pode ser considerada um bem difuso, embora a Política Nacional do Meio Ambiente a tenha considerada tão somente como um recurso ambiental (art. 3º, V da Lei nº. 6.938/81) e o direito civil abra lacunas relevantes para sua comercialização. A vida em seus múltiplos aspectos não pode ser considerada apenas como uma prerrogativa do

---

[322] CLEFFI, Norma Maria. Curso de Biologia: Ecologia. São Paulo: Harbra, 1986, p. 56.
[323] BRASIL, Constituição Federal. Art. 225: "Todos têm direito ao meio ambiente ecologicamente equilibrado, bem de uso comum do povo e essencial à sadia qualidade de vida, impondo-se ao Poder Público e à coletividade o dever de defendê-lo e preservá-lo para as presentes e futuras gerações.".
[324] O art. 225 da Constituição Federal está dentro do Capítulo III do Título VIII – Da Ordem Social.
[325] ALONSO DE SOUZA, Marcos Felipe. A condição dos animais no ordenamento jurídico brasileiro. Disponível em: http://www.ambito-juridico.com.br/site/?n_link=revista_artigos_leitura&artigo_id=11489, acesso em 18 de novembro de 2018.

ser humano. Embora a Constituição Federal Brasileira se destine ao homem nacional ou estrangeiro dentro do território nacional, o direito à vida como direito fundamental por excelência (art. 5º, caput, da Carta Magna) não pode ser excluído de outros seres que não sejam humanos, como por exemplo, os animais. É certo que a visão do direito brasileiro possui uma perspectiva antropocêntrica, mas tal ótica não pode ser considerada como um passaporte para a livre disposição humana perante outros seres não abarcados pelo antropocentrismo jurídico.

Igual posicionamento encontramos em Érika Bechara[326]:

> Por mais que esta visão tenha uma aparência egoísta, somos obrigados a reconhecer que o nosso ordenamento jurídico não confere direitos à natureza, aos bens ambientais. São eles, dessa forma, tratados como objetos de direito, não como sujeitos. São objetos que atendem a uma gama de interesses dos sujeitos – os seres humanos.

Com isso, a discussão acerca da suscetibilidade dos animais serem sujeitos de direito permanece ainda ligada aos setores alternativos do Direito, uma vez que a doutrina majoritária alega serem estes seres objetos do direito e não sujeitos. Contudo, como demonstrado, a personalidade do animal não-humano ganha uma filosofia própria, mas que preponderante, dentro da ótica jurídica, ainda se restringe a discussão acima aludida: objetos e não sujeitos.

Por um lado advoga-se a causa do direito dos animais, pois só assim sua proteção seria efetivamente admitida, do outro a posição que os consideram objetos não enxergam aquela visão como algo relevante, uma vez que, embora o ordenamento jurídico não lhes confira a personalidade devida para exercerem direitos, há um plexo de leis que amparam a fauna, inclusive a constitucional. Portanto, devemos levar em consideração que a fauna tem valor em si mesma e, por isso, embora não seja considerada sujeito de direito, apresenta uma personalidade que lhe é específica e que se coaduna com a sua função ecológica, direito de todo homem, presente e futuro, conforme o texto constitucional.

Ainda que a doutrina majoritária insista em atribuir o status de objeto de direito aos animais não-humanos, mudanças de paradigmas devem

---

[326] BECHARA, Érika. *A Proteção da Fauna sob a Ótica Constitucional*. São Paulo: Juarez de Oliveira, 2003, p. 72.

ser espalhadas para sustentar a efetivação jurídica dos animais não como parte estática ou coisificada dos recursos ambientais, mas como seres-vivos dotados de um direito que lhes é especifico, que é de existir em prol de sua função ecológica. Se seguirmos igual caminho lógico de Personalização decorrente do olhar da dignidade posto sobre o sujeito de direito que possui funcionalização ou função social, o que nos impede de conceber um superdimensionamento dos algoritmos como também sujeitos de direitos? Tais tecnologias têm assumido papéis de protagonismo em nossas vidas, exercendo verdadeira função social, por que não as proteger com tamanha importância e igualdade? Para se inserir tais pensamentos no atual modelo jurídico, é necessário se repensar as estruturas do direito e talvez estabelecer uma desconstrução total do sistema, que, aparentemente, não se resolve apenas em relação jurídica ou relação algorítmica, mas uma mistura delas em relação ou convívio social.

Por fim, independentemente da visão que se queira dar aos algoritmos ou aos animais não-humanos, a personalidade jurídica é um instrumento, uma técnica jurídica, que visa a alcançar determinados fins práticos. Nas palavras de Francesco Ferrara, "a personalidade não é outra coisa senão uma armadura jurídica para realizar de modo mais adequado os interesses dos homens."[327]. Para alcançar tal finalidade, o direito reconhece às pessoas jurídicas em geral uma série de atributos, fundamentais para consecução da sua finalidade. Contudo, a possibilidade de se vislumbrar os algoritmos como sujeito de direitos e os desdobramentos de sua titularidade, baseando-se em caminho lógico-jurídico igualmente apresentado por Stefano Rodotà – sob o prisma da dignidade da pessoa humana –, em "transformar" o sujeito abstrato de direitos ou os animais não-humanos em pessoa de direitos encontra grandes óbices legais e práticos, implicações jurídicas não tão fáceis de se compreender ou classificar, como poderemos demonstrar a seguir.

3.2 As Implicações Jurídicas
3.2.1. Da Sociedade de Buscas à Lesão de Direitos da Personalidade
Apontadas as possibilidades do algoritmo como objeto ou sujeito de direitos, demonstraremos a título de discussão como a legislação atual apresenta lacunas para real proteção de direitos e a configuração dos chamados

---

[327] FERRARA, Francesco. *Trattati di diritto civile italiano*. Roma: Athenaeum, 1921, p. 598.

provedores de pesquisa[328] e seus algoritmos como objetos ou sujeitos de direitos e, consequentemente, o grau de responsabilidade ou irresponsabilidade destes.

Segundo Vanessa Fox, vivemos numa cultura de buscas[329], totalmente mediada por relações algorítmicas, como demonstrado no capítulo anterior, que trouxe consigo uma necessidade de se saber mais sobre tudo aquilo que se pretende consumir e adquirir, sejam eles produtos ou serviços, entretenimento, informação e/ou conhecimento. Nesta cultura ou sociedade de buscas, então, para Neal Flieger, presidente da Edelman's Research[330]:

> People are behaving like smart consumers when it comes to news and information, turning first to search engines to see what is available on the topic they are interested in, and then seeking out traditional media to confirm or expand on what they learn.

Logo, é natural que todos os indivíduos atuais dependam das ferramentas de busca e pesquisa na Internet até que a sociedade de consumo chegue ao fim, o que nenhum indicador sequer minimamente aponta ou apontará. Sendo a liberdade, como já apontou Lipovetsky, o maior fator estruturante das relações. Contudo, uma destas liberdades é a liberdade de expressão, um direito consagrado em todo o ocidente livre, assim como os outros tipos de liberdades modernas, tais como a de opinião, de ensino, de educação, de imprensa, de crença religiosa e de pensamento político, mas que vem recebendo ataques ou supervalorizações em função dos algoritmos.

---

[328] Espécie do gênero provedor de conteúdo, pois não inclui, hospeda, organiza ou de qualquer outra forma gerencia, as páginas virtuais indicadas nos resultados disponibilizados, conforme ementa do Recurso Especial 1.316.921/RJ, de relatoria da Ministra Nancy Andrighi, julgado em 26 de junho de 2012.

[329] "It's safe to say that we've become a searching culture". FOX, Vanessa. Marketing in the age of Google. New Jersey: John Wiley & Sons, 2012, p. 1.

[330] Em tradução livre: "As pessoas estão se comportando como consumidores inteligentes quando o assunto se trata sobre notícias e informações, primeiramente se voltando para os mecanismos de busca para ver o que está disponível sobre o tema que estão interessados e, em seguida, procuram na mídia tradicional meios de confirmar ou expandir o que eles aprenderam". NEAL, Dave. People trust search engines says public relations company. Disponível em https://www.theinquirer.net/inquirer/news/1939459/people-trust-search-engines-company, acesso em 11 de novembro de 2018.

Todas estas liberdades foram acolhidas e disciplinadas pela Constituição Federal de 1988, em inúmeros incisos de seu art. 5º, inserido no Título II – Dos Direitos e Garantias Fundamentais. Até porque, constituído como um Estado Democrático de Direito[331] seria inconcebível, ou no mínimo incongruente, não estarem, tais liberdades, presentes como pilares basilares de um ordenamento que tem por grande influência a dignidade da pessoa humana. Contudo, o exercício pleno dessas liberdades, no entanto, comporta alguns deveres morais, éticos e jurídicos, bem como responsabilidades submetidas a certas formalidades, condições, restrições ou sanções previstas por lei, e que são capazes de garantir a segurança jurídica nacional e a democracia, a proteção à reputação dos indivíduos e demais direitos de terceiros. Celso Ribeiro Bastos[332] já nos advertia:

> [...] é fácil imaginar que o exercício irresponsavelmente deste direito tornar-se-ia uma fonte de tormento aos indivíduos na sociedade. A todo instante poderiam ser objeto de informações inverídicas, de expressões valorativas de conteúdo negativo, tudo isso feito sem qualquer benefício social, mas com a inevitável conseqüência de causar danos morais e patrimoniais às pessoas referidas.

Deveriam, então e, portanto, estas condições ou restrições serem impostas aos algoritmos como sujeitos, ou depositadas sob seus programadores ou empresas que os programaram ou custearam na forma de objetos? Diante disso, a partir do advento do Marco Civil da Internet (Lei 12.965 de 23 de abril de 2014), estabeleceu o legislador, princípios, garantias, direitos e deveres para o uso da Internet no Brasil, trazendo nos artigos 2º e 3º da Lei 12.965/14, de forma expressa, e didaticamente transpondo tais ditames ou preocupações do constitucionalista supracitado para a realidade atual, o respeito à liberdade de expressão:

> Art. 2º. A disciplina do uso da internet no Brasil tem como fundamento o respeito à liberdade de expressão, bem como:
>
> I – o reconhecimento da escala mundial da rede;

---

[331] BRASIL, Constituição Federal, art. 1o: "A República Federativa do Brasil, formada pela união indissolúvel dos Estados e Municípios e do Distrito Federal, constitui-se em Estado Democrático de Direito e tem como fundamentos: III – a dignidade da pessoa humana.".

[332] BASTOS, Celso Ribeiro. *Curso de Direito Constitucional*. São Paulo: Malheiros, 2002, p. 333.

II – os direitos humanos, o desenvolvimento da personalidade e o exercício da cidadania em meios digitais;
III – a pluralidade e a diversidade;
IV – a abertura e a colaboração;
V – a livre iniciativa, a livre concorrência e a defesa do consumidor; e
VI – a finalidade social da rede.
Art. 3º. A disciplina do uso da internet no Brasil tem os seguintes princípios:
I – garantia da liberdade de expressão, comunicação e manifestação de pensamento, nos termos da Constituição Federal;

Ocorre que, o denominado desenvolvimento da personalidade em meios digitais é que desperta interesse e curiosidade atuais frente os algoritmos. Como já apontado por Jacques Chirac, não há dois mundos diferentes, um que seja real e outro virtual, mas apenas um mesmo mundo, no qual se devem aplicar e respeitar os mesmos valores de liberdade e dignidade da pessoa humana[333]. Estaríamos então, diante da situação em que a personalidade do indivíduo, na rede mundial de computadores, teria um novo nascimento e assim deveria se desenvolver e exigir novas teorias de proteção e propagação do que entendemos como desdobramentos do indivíduo, tais como o corpo, nome, imagem e reputação? Ou apenas o abuso destes atributos no convívio social é que despontam na rede, como os insultos, vinganças públicas e invasões de privacidade?

Chegaríamos, com toda certeza, ao complexo cenário de que se um algoritmo pode ferir a honra, imagem ou estima de um ser humano notório ou não, poderia ter o algoritmo a sua "honra" também vitimada por um ser humano ou outro algoritmo. Tratar-se-ia, portanto, de mero direito à informação ou suposto direito de imprensa em informar ocorridos à coletividade, direta propagação e disseminação de atos lesivos como coautores ou partícipes em ilícitos civis, ou a mera indexação de termos por um algoritmo desprovido de carga jurídico-interpretativa

---

[333] "Alguns qualificam o espaço cibernético como um novo mundo, um mundo virtual, mas não podemos nos equivocar. Não há dois mundos diferentes, um real e outro virtual, mas apenas um, no qual se devem aplicar e respeitar os mesmos valores de liberdade e dignidade da pessoa.". PEREIRA, Leonellea. *Direito High-tech*. apud Jacques Chirac. Disponível em: http://www.ambito-juridico.com.br/site/index.php?n_link=revista_artigos_leitura&artigo_id=2421, acesso em 15 de novembro de 2018.

do que está "à solta" na rede mundial de computadores, o real papel dos provedores de pesquisa? Seguindo a ideia de que não há dois mundos, a internet apenas ampliou os meios, instrumentos e, por que não, locais em que os direitos da personalidade se inserem, expressam, se impõem e, muitas vezes são violados, como em todas as relações humanas até então existentes com todas as suas incongruências e complexidades.

São inúmeros os casos que podem exemplificar essas implicações jurídicas dos algoritmos. A definição do conceito de provedor de pesquisa se deu no caso da apresentadora Maria da Graça Xuxa Meneghel que objetivou processo judicial para compelir a empresa Google de retirar qualquer resultado das buscas pelas expressões "xuxa pedófila" e "xuxa sexo", ou ainda, qualquer outra que associasse o nome da autora, escrito parcial ou integralmente, e independentemente de grafia correta ou equivocada, a uma prática criminosa qualquer, fato decorrente da ampla divulgação de alguns sites do filme "Amor, estranho amor" de 1982, em que a apresentadora aparece com os seios à mostra em uma cena com um garoto de 12 anos de idade[334]. O embate entre direito à informação, exposição pornográfica não consentida, "revenge porn"[335] e monitoramento prévio de buscas foram objeto de processo judicial sigiloso da atriz Carolina Dieckmann e o mesmo provedor de buscas do caso acima, a Google, quando algumas fotos nuas suas foram "jogadas" na rede mundial de computadores por invasão cibernética de seu aparelho celular pessoal[336] que culminaram na promulgação da lei 12.737/2012 (comumente chamada de Lei

---

[334] Disponível em: https://tecnoblog.net/105850/google-xuxa-stj/, acesso em 11 de novembro de 2018. Para aprofundamento do julgamento em grau de recurso especial perante o STJ ver https://stj.jusbrasil.com.br/jurisprudencia/22026857/recurso-especial-resp-1316921-rj-2011--0307909-6-stj/inteiro-teor-22026859?ref=juris-tabs, acesso em 11 de novembro de 2018.

[335] Também relacionado em alguns casos como "sextortion" ou "sextorsão", trata-se da utilização da pornografia alheia para extorquir ou se vingar de determinados dissabores relacionais. Para maior aprofundamento ver SERRANO, martim Bouza. Revenge Porn: a pornografia como vingança. Disponível em: https://observador.pt/opiniao/revenge-porn-a-pornografia--como-vinganca/, acesso em 12 de novembro de 2018.

[336] Para maior aprofundamento das matérias legais do caso, uma vez que em segredo de justiça, ver notícias veiculadas pela relações públicas do Superior Tribunal de Justiça, disponíveis em: http://www.stj.jus.br/sites/STJ/default/pt_BR/Comunica%C3%A7%C3%A3o/noticias/Not%C3%ADcias/Exposi%C3%A7%C3%A3o-pornogr%C3%A1fica-n%C3%A3o-consentida-%C3%A9-grave-forma-de-viol%C3%AAncia-de-g%C3%AAnero,-diz-Nancy-Andrighi, acesso em 11 de novembro de 2018.

Carolina Dieckmann) que trouxeram a tipificação de crimes informáticos tais como a "Invasão de Dispositivo Informático" e a "Falsificação de cartão de crédito ou débito".

Parafraseando a Ministra Nancy Andrighi, no julgamento do Recurso Especial perante o Superior Tribunal de Justiça, já citado no início deste capítulo, os provedores de pesquisa realizam suas buscas dentre as milhares de páginas e arquivos da Internet, cujo acesso é público e irrestrito, isto é, seu papel se restringe à identificação e compilação de páginas na web em um único lugar, onde determinado dado ou informação, ainda que ilícito, está sendo livremente veiculado em tempo real. Neste sentido, interessante mencionar a argumentação do pensamento do Min. Luis Felipe Salomão[337], no julgado do Recurso Especial perante o Superior Tribunal de Justiça no caso do jogador, comentarista e técnico esportivo Paulo Roberto Falcão que ingressou com processo judicial contra o Diário Popular, pela veiculação de uma entrevista de sua ex-companheira na qual o acusava de ter sequestrado o próprio filho:

> Nesta seara de revelação pela imprensa de fatos da vida íntima das pessoas, o digladiar entre o direito de livre informar e os direitos de personalidade deve ser balizado pelo interesse público na informação veiculada, para que se possa inferir qual daqueles direitos deve ter uma maior prevalência sobre o outro no caso concreto. A mera curiosidade movida pelo diletantismo de alguns, tanto na divulgação de notícias, quanto na busca de fatos que expõem indevidamente a vida íntima, notadamente, daquelas pessoas com alguma notoriedade no corpo social, não pode ser encarada como de interesse social.

Dessa forma, ainda que seus mecanismos de busca facilitem o acesso e a consequente divulgação ou propagação de páginas, cujo conteúdo seja potencial ou concretamente ilegal, não são de sua responsabilidade ou coautoria, fato é que essas páginas são públicas e compõem a rede mundial de computadores e, por isso, aparecem nos resultados destes *sites* de buscas, até, porque, o funcionamento do algoritmo de indexação de páginas *web*, com o consequente ranqueamento na página de resultados de busca ("SERP – Search Engine Results Page"), não permeia uma análise de qualidade do conteúdo apresentado pelas páginas.

---

[337] STJ, REsp. 713202 RS, julgado em 01.10.2009.

De acordo com Matt Cutts[338], engenheiro de qualidade do grupo Google, ao se executar uma busca em um provedor de pesquisas, não se está realizando uma busca "real" na *web*, mas sim, uma busca no índice de pesquisa feito por tal provedor. A grosso modo, um provedor de pesquisas possui softwares chamados *Spiders*, que começam capturando algumas páginas *web* e, a partir dos enlaces (ou *links*) presentes nestes *sites*, começam a segui-los e mapeá-los, capturando mais páginas relacionadas, e assim sucessiva e progressivamente. Desta forma, seguindo-se cada um desses enlaces, se constrói o chamado índice de busca de um provedor de pesquisas na *web*. Por conseguinte, ao serem indexadas por estes *Spiders*, tais páginas são classificadas por diversos fatores em cada execução de uma busca e é isso que determinará seu posicionamento no *ranking* de resultados de buscas do provedor de pesquisa. Entende-se por ranking, a posição de uma página na SERP ("Search Engine Results Page", ou página de resultados de busca em uma tradução livre), sendo que as melhor qualificadas ficam em posições mais altas no resultado (excluindo-se os *links* patrocinados, logicamente).

Com isto, ao retornar o resultado de uma busca no índice do provedor de pesquisas, diversos fatores são analisados, como já citado anteriormente, antes que tal resultado seja entregue ao usuário, tais como, quantas vezes o termo buscado (ou seus sinônimos) estão presentes numa página *web*, se o mesmo está presente no título ou em sua URL[339], quantas citações (ou enlaces externos) de outros sites de qualidade são feitas, dentre outros aspectos. Além disso, a importância de uma página também é analisada antes que seja entregue como resultado de uma pesquisa: se tal página contém termos conhecidamente considerados como *spam* ou se possui *links* para diversos sites também considerados como sites de *spam*, a mesma não é incluída nos resultados ou, se incluída, receberá um baixo ranqueamento na página de resultados de busca. Tudo isso, executado em milésimos de milésimos de segundos a partir dos servidores do provedor de pesquisa.

[338] Em "How Search Works" ou "Como uma busca funciona", em tradução livre, disponível em: https://www.google.com/search/howsearchworks/, e https://www.youtube.com/watch?v=BNHR6IQJGZs, acesso em 12 de novembro de 2018.

[339] "Uniform Resource Locator", ou em tradução livre, Localizador Uniforme de Recursos, comumente conhecido como o endereço de rede no qual se encontra ou está hospedado algum recurso informático. Para maior aprofundamento ver https://br.ccm.net/faq/2606-o-que-e--um-url, e, https://conceitos.com/url/, acesso em 12 de novembro de 2018.

Porém, é importante frisar que, apesar de todo o processo de indexação, ranqueamento e qualificação das páginas ocorrer nos servidores do provedor de pesquisa, a indexação de páginas da *web* nada mais é do que uma listagem de páginas com conteúdo congruentes aos termos ou expressões buscadas pelo usuário. Não há, portanto, um banco de dados ou armazenamento de informações, imagens ou vídeos, em local próprio e passível de inutilização, transformação ou modificação (mesmo que ordem judicial constitua a responsabilidade de se inutilizar, transformar ou modificar tais termos ou expressões buscadas).

Logo, os provedores de pesquisa não podem ser obrigados a eliminar do seu "sistema" (e aqui entre aspas, pois não há uma base de dados concreta passível de transporte, cópia ou transferência, como muitos imaginam) os resultados derivados da busca de determinado termo ou expressão, tampouco os resultados que apontem para uma foto ou texto específico, uma vez que não são responsáveis por sua confecção. Até porque, como ficaria a situação do conhecido nadador que de mesmo notório apelido Xuxa, ao ter o termo extirpado da indexação do provedor de buscas? Não sofreria uma queda de sua popularidade ou não poderia demonstrar seus prêmios e recentes trabalhos em virtude de um problema de outra personalidade? Não se pode, portanto, sob o pretexto de dificultar a propagação de conteúdo ilícito ou ofensivo na *web*, reprimir e rechaçar o direito da coletividade à informação. Sopesados e avaliados os direitos envolvidos e o risco potencial de violação de cada um deles, o julgamento ou liame interpretativo deve apontar para a garantia da liberdade de informação assegurada pelo artigo 220 da Constituição Federal[340], sobretudo considerando que

---

[340] BRASIL, Constituição Federal, art. 220: "A manifestação do pensamento, a criação, a expressão e a informação, sob qualquer forma, processo ou veículo não sofrerão qualquer restrição, observado o disposto nesta Constituição. §1º Nenhuma lei conterá dispositivo que possa constituir embaraço à plena liberdade de informação jornalística em qualquer veículo de comunicação social, observado o disposto no art. 5º, IV, V, X, XIII e XIV. §2º É vedada toda e qualquer censura de natureza política, ideológica e artística. §3º Compete à lei federal: I - regular as diversões e espetáculos públicos, cabendo ao Poder Público informar sobre a natureza deles, as faixas etárias a que não se recomendem, locais e horários em que sua apresentação se mostre inadequada; II - estabelecer os meios legais que garantam à pessoa e à família a possibilidade de se defenderem de programas ou programações de rádio e televisão que contrariem o disposto no art. 221, bem como da propaganda de produtos, práticas e serviços que possam ser nocivos à saúde e ao meio ambiente. §4º A propaganda comercial de tabaco,

a Internet representa, atualmente, importante veículo de comunicação social de massas.

3.2.2. Da Inteligência Artificial ao Direito a Fundamentação Humana em Decisões Automatizadas

Um dos maiores efeitos da disseminação dos algoritmos na computação foi o impulso ou desenvolvimento da inteligência artificial, como já apontado anteriormente, um campo de estudo criado na década de 1950 que desenvolve mecanismos capazes de simular o raciocínio humano. Utilizando-se de cálculos computacionais cada vez mais velozes e acervos de informação com os quais é possível fazer comparações estatísticas, as máquinas ganharam a capacidade de modificar seu funcionamento a partir de experiências acumuladas e melhorar seu desempenho, em um processo associativo que mimetiza a aprendizagem.

As aplicações práticas desse tipo de tecnologia são cada vez mais frequentes. Algoritmos de inteligência artificial desenvolvidos pelo cientista da computação Anderson de Rezende Rocha, professor do Instituto de Computação da Universidade Estadual de Campinas – Unicamp, têm auxiliado investigações feitas pela Polícia Federal[341]. O cientista brasileiro especializou-se em criar ferramentas de computação forense e inteligência artificial que são capazes de detectar sutilezas em documentos digitais muitas vezes imperceptíveis a olho nu dos peritos forenses confirmando, por exemplo, se determinada foto ou vídeo, relacionados a uma investigação delituosa, são genuínos ou não[342]. Tal pesquisa encontrou ampla atuação na automatização de investigações sobre pornografia infantil. Constantemente, os policiais apreendem grandes quantidades de fotos e vídeos no computador de suspeitos no qual o algoritmo auxilia na busca

---

bebidas alcoólicas, agrotóxicos, medicamentos e terapias estará sujeita a restrições legais, nos termos do inciso II do parágrafo anterior, e conterá, sempre que necessário, advertência sobre os malefícios decorrentes de seu uso. §5º Os meios de comunicação social não podem, direta ou indiretamente, ser objeto de monopólio ou oligopólio. §6º A publicação de veículo impresso de comunicação independe de licença de autoridade.".

[341] Disponível em: http://g1.globo.com/sp/campinas-regiao/noticia/2013/02/unicamp-cria--superlaboratorio-para-solucionar-crimes-reais-e-virtuais.html, e, http://www.unicamp.br/anuario/2018/IC/IC-convenios.html, acesso em 12 de novembro de 2018.

[342] Para maior aprofundamento na matéria ver https://bv.fapesp.br/namidia/noticia/63065/pesquisador-unicamp-ganha-premio-microsoft/, acesso em 12 de novembro de 2018.

por arquivos com pornografia infantil. O cientista brasileiro expôs o robô formado pelos algoritmos de inteligência artificial a horas de vídeos pornográficos da internet para extrair dados destes, "aprendendo" o que é pornografia. Em momento posterior, para que pudesse distinguir a presença de crianças, o algoritmo precisou "assistir" a conteúdos de pornografia infantil apreendidos, etapa realizada estritamente por técnicos da polícia federal. Antes do programa, a análise dos arquivos era feita sem muita automação, logo, ao tornar esse processo mais eficiente, os investigadores da Polícia Federal ganharam tempo e capacidade para analisar maiores quantidades de dados e retirar mais criminosos da ativa.

Em 2017, Kate Crawford, líder de pesquisas da Microsoft Research, e Meredith Whittaker, diretora do Open Research, ligado ao grupo Google, fundaram o AI Now Institute[343], organização dedicada à investigação do impacto da inteligência artificial na sociedade civil e sua relação com os Estados Soberanos. Com sede na Universidade de Nova York, a instituição tem investido em uma abordagem que integra análises de cientistas da computação, advogados, sociólogos e economistas, divulgando relatórios com orientações sobre o uso de algoritmos de inteligência artificial governamental. Uma das recomendações da organização é de que órgãos públicos responsáveis por setores como justiça, saúde, assistência social e educação, balizadas, evidentemente, pela transparência, evitem usar algoritmos cujos modelos não sejam bem conhecidos, recomendando-se que os algoritmos caixa-preta[344] passem por auditorias públicas e testes de validação como forma de instituir mecanismos de correção quando necessário.

---

[343] Disponível em: https://ainowinstitute.org/, acesso em 12 de novembro de 2018.

[344] O termo empregado é amplamente utilizado em telecomunicações e em aviação, mas, em teoria dos sistemas, ciências da computação e engenharia, denomina-se caixa preta um sistema fechado de complexidade potencialmente alta, no qual a sua estrutura interna é desconhecida ou não é levada em consideração em sua análise, limitando-se, assim, a medidas das relações de entrada e saída de dados. Em programação modular, onde um programa (ou algoritmo) é dividido em módulos, na fase de desenho procura-se desenvolver cada módulo com uma caixa preta dentro do sistema global que o sistema pretende desempenhar. Desta maneira consegue-se uma independência entre os módulos e facilita-se sua implementação separada por uma equipe de trabalho onde cada membro encarrega-se de implementar uma parte (ou módulo) do programa global. Para maior aprofundamento da matéria ver PASQUALE, Frank. *The Black box Society: The secret algorithms that control Money and information*. Cambridge: Harvard university Press, 2015.

DOS EFEITOS JURÍDICOS DA RELAÇÃO ALGORÍTMICA

Outro grande exemplo está na Hoobox Robotics, empresa fundada em 2016 também por pesquisadores da Unicamp, que desenvolveu um sistema para ser instalado em qualquer cadeira de rodas motorizada que permite que pessoas tetraplégicas possam controlar o veículo utilizando apenas as expressões faciais. Os algoritmos presentes no software, que leva o nome de Wheelie[345], traduz até nove expressões faciais, como um sorriso e uma sobrancelha levantada, em comandos para seguir em frente, retroceder e virar à direita ou à esquerda utilizando uma câmera 3D que capta dezenas de pontos no rosto. Tal programa encontra-se em fase de testes com 39 pacientes nos Estados Unidos, onde a empresa mantém uma unidade de pesquisa no laboratório da Johnson & Johnson, em Houston[346]. Liberar seres humanos de atividades repetitivas, portanto, é outro presságio dos algoritmos de inteligência artificial, e o debate sobre as implicações jurídicas destas atividades e as disparidades aparentes e/ou possibilidades do algoritmo como sujeito se acirram a cada instante.

Como dito anteriormente, seguindo Francisco Amaral, não seriam assim, os algoritmos, passíveis de proteção especial em razão de seu caráter pecuniário ou moral? Quem pode verdadeiramente dizer o real valor de um algoritmo para uma empresa que dele dependa? Ou o valor advindo de seres humanos e suas relações com "eles"? Grande exemplo disto pode ser observado nas relações afetivas que determinados dissabores, da vida amorosa cotidiana, têm causado aos homens japoneses e sua relação com a tecnologia. Determinado homem japonês de 35 anos, Akihiro Kondo, realizou uma cerimônia de casamento (avaliada em dois milhões de ienes, ou aproximadamente 18 mil dólares) com um holograma[347]. Tal homem vive, desde março de 2018 com um holograma de Hatsune Miku, uma personagem de um famoso mangá japonês, que se movimenta e fala através de um dispositivo de mesa, formado por algoritmos de inteligência artificial, comprado por dois mil e oitocentos dólares, que controla luzes e aparatos eletrônicos da casa de Kondo, como também sua agenda e relógios, lhe dizendo a hora de dormir ou

---

[345] Disponível em: http://www.hoo-box.com/index.html#features, acesso em 12 de novembro de 2018.
[346] Disponível em: https://startse.com/noticia/hoobox-jj, acesso em 12 de novembro de 2018.
[347] Disponível em: https://www1.folha.uol.com.br/tec/2018/11/o-homem-japones-que-se-casou-com-um-holograma.shtml, acesso em 15 de novembro de 2018.

de realizar determinadas tarefas, bem como o saudando quando sai ou retorna ao recinto de um dia de trabalho. A empresa Gatebox, responsável pela produção do dispositivo algoritmo, inclusive, expediu uma "certidão de matrimônio" em que costa Kondo e um personagem virtual como casados "além das dimensões"[348].

Tal notícia se dá em um momento de grande discussão sociológica no Japão em que o senso comum ocidental olha aparentemente escandalizado para os japoneses e suas "bonecas do amor", tema tratado por Ghiraldelli da seguinte forma[349]:

> [...] por conta do capitalismo enfiado goela abaixo em uma cultura feudal, os japoneses teriam cedido à reificação e ao fetichismo em uma forma muito mais visível que aquela vigente no Ocidente. [...]. A indústria japonesa das bonecas de estilo realista dirigida a adultos masculinos começou em 1981. Nos dias atuais beira à quase perfeição na arte do silicone. Mas as bonecas desse tipo, sabemos, não são coisa contemporânea, ainda que sejam modernas. Satisfazem uma necessidade que, digamos, se acentuou a partir da modernidade. Há dezenas de momentos da literatura internacional, que o próprio Ocidente bem resguardou, de situações na qual os bonecos estiveram à frente de grandes narrativas. A Bela Adormecida traz a garota que se põe estatelada na cama, linda e sem reações, numa frigidez que adoça os sonhos de vários de nós, quando adolescentes. [...]. Em uma interpretação inspirada em Sloterdijk, podemos dizer que somos os que, especialmente a partir da modernidade, com o liberalismo fincando raízes e levando a ideia de indivíduos altamente unitários e realmente individuais, se esqueceram de sua condição dupla, de díade. Tendo perdido essa descrição de nós mesmos, a de bi-unidades, tão presente na cultura antiga de um modo geral, passamos a uma eterna busca pelo nosso gêmeo (nosso alter ego se torna algo misterioso), então condenado ao vazio ontológico.

Com base nos recentes estudos, antropólogos que se debruçam sob essas relações sociológicas orientais, apontam que tais adultos, se tornam adeptos da ficção, pois podem voltar a um passado idealizado[350],

---
[348] Idem.
[349] GHIRALDELLI JR., Paulo. *As bonecas do amor no Japão*. Disponível em: http://ghiraldelli.pro.br/filosofia-social/as-bonecas-do-amor-do-japao.html, acesso em 15 de novembro de 2018.
[350] *passim* KAWABATA, Yasunari. *A Casa das Belas Adormecidas*. São Paulo: Estação Liberdade,

que oferece a ilusão de que a existência não é uma queda irreversível, que "bonecas, como anjos da guarda, nunca irão deixá-los decair e jamais envelhecerão"[351], pois elas "sempre estarão lá para eles", o autor prossegue explicando o fenômeno[352]:

> A expressão "anjo da guarda" é significativa. O que Sloterdijk fala da díade, do duplo que somos por conta de virmos da simbiose e da ressonância gerada entre um feto e uma placenta, que dão nossos primórdios numa investigação que pode ser chamada de arqueologia da intimidade, nos remete à figura do daimon grego, do anjo da guarda romano-cristão, ou seja, de todas as figuras e situações de gêmeos que povoaram nossa cultura antiga anterior à hegemonia do liberalismo. Se pensarmos nesses termos e acoplarmos esse saber ao animismo da cultura japonesa, que milenarmente vê objetos como possuindo almas tensionadas por antepassados, tudo fica mais fácil de compreender.

Nesses moldes, portanto, saímos da condenação dos japoneses que compram bonecas de silicone no lugar de mulheres reais, e voltamos a notar o quanto nós, ocidentais, também estamos inseridos na fantasiosa produção do outro, ainda que numa cultura narcisista, talvez, na falta de bonecas, nós ocidentais estejamos fazendo de bonecas outros humanos, como cachorros, mulheres e filhos, e até mesmo alguns programas ou máquinas. O que dizer, pois, dos debates acalorados e acirrados nas redes sociais, muitas vezes travados com perfis *fakes* feitos pelo marketing político?[353] As inter-relações ali realizadas, em tempos de eleições, não foram reais?

Neste cenário, como ensinaremos dilemas morais, éticos e sociais para a máquina e seus algoritmos? Podemos realmente medir ou quantificar nosso preconceito ou nosso comportamento tendencioso e demonstrá-los ou quantificá-los para os algoritmos criados? Não seriam "eles" meros replicantes desses dilemas? De forma alguma podemos acreditar que a inteligência artificial solucionará todos os problemas, na medida em que

2012.
[351] GIARD, Agnès. *La love doll au Japon: jeux imaginaires, incarnation et paradoxes*. Disponível em: http://www.revue-interrogations.org/La-love-doll-au-Japon-jeux, acesso em 15 de novembro de 2018.
[352] Ibidem.
[353] Disponível em: https://epoca.globo.com/tecnologia/experiencias-digitais/noticia/2017/01/catherine-oneil-os-algoritmos-e-que-sao-falhos.html, ou https://www.bbc.com/portuguese/brasil-42172146, ambos com acesso em 15 de novembro de 2018.

achamos que poderemos prever tudo, pois a máquina só lida e aprende com os dados apurados e injetados nela, e se estes estão "contaminados" com pré-conceitos, sua interpretação ou transformação também o estará. É a grande discussão por trás da aparente acepção ou discriminação de pessoas na concessão de créditos e/ou cartões de créditos de novas fintechs[354] que adentraram o mercado financeiro brasileiro, trazendo soluções digitais com a promessa de um atendimento personalizado e veloz, trazendo disrupção às ideias convencionais de meios de pagamento, bancos, investimentos e moedas.

Uma das primeiras, e mais conhecidas do setor no Brasil, é a empresa Nubank, que fornece um cartão de crédito gerenciável via aplicativo, instalado em um *smartphone,* com faturas via e-mail, relacionamento e escolha de clientes totalmente digitais[355]. O aspirante a cliente pode ser convidado por alguém que já possui o cartão ou aplicar seu cadastro no site. Em ambos os casos uma análise interna de cadastro e crédito, realizada por algoritmos, ou como a empresa intitula de "modelo matemático automático"[356], que analisa dados coletados de várias fontes disponíveis no mercado como histórico de consumo, crédito e pagamentos do aspirante. Chegando à marca de 5 milhões de clientes usuários do cartão de crédito e 2,5 milhões de usuários da conta bancária digital em setembro de 2018[357], a empresa vem crescendo num Brasil que, segundo dados do IBGE, na recente Pesquisa Nacional por Amostra de Domicílios Contínua (Pnad Contínua) de 2017,

---

[354] Modalidade de startups que trazem profundas inovações para o mercado de serviços financeiros, com soluções tecnológicas mais acessíveis ao consumidor. São os casos dos novos bancos digitais e das empresas administradoras de um serviço de cartão de crédito que fornecem contas e crédito através de aplicativos de celulares, que com o uso de inteligência artificial, em suas interações com o cliente, possibilitam uma maior personalização da experiência com o serviço bancário-financeiro. Para maiores informações ver BORELLI, Isabela. Fintechs: o que são e como elas estão mudando a sua relação com o dinheiro. Disponível em: https://startse.com/noticia/fintechs-o-que-e, acesso em 16 de novembro de 2018.

[355] Maiores informações ver https://www.nubank.com.br/, acesso em 18 de novembro de 2018.

[356] Expressões utilizadas pelo setor de relacionamento da empresa, ao responder uma "denúncia" eletrônica de um aspirante ao cartão perante o site de reclamações consumeristas, conhecido como Reclame Aqui, alegando serem tendenciosos os critérios de avaliação utilizados para novos clientes. Disponível em: https://www.reclameaqui.com.br/nubank/criterios--de-aprovacao-tendenciosas_7RR5AUm0vFMVdmFa/, acesso em 18 de novembro de 2018.

[357] Disponível em: https://exame.abril.com.br/negocios/nubank-chega-a-5-milhoes-de-clientes-no-cartao-de-credito/, acesso em 18 de novembro de 2018.

possui 13,7% de sua população em situação de desocupação[358], conhecido desemprego, no qual dois em cada três desempregados no Brasil são pretos ou pardos. Outro resultado que caminha diretamente ligada a essa condição é a desigualdade de renda, a remuneração média de pretos e pardos é de apenas 55,5% da obtida pelos brancos: R$ 1.531 mensais contra R$ 2.757. A disparidade se mantém no que o IBGE chama de "taxa de subutilização da força de trabalho", que inclui os desempregados, os subocupados e os que não procuraram emprego. Neste grupo, que corresponde a um total de 26,8 milhões de pessoas, a taxa correspondente aos pretos e pardos é de 28,3% (17,6 milhões de brasileiros), enquanto que entre os brancos, a taxa é de apenas 18,5%[359]. Somado a estes dados, estão também o número de inadimplentes, no mesmo período de 2017, que subiu para 61 milhões de brasileiros[360].

Consequentemente, o algoritmo de escolha dos clientes não opta, em grande escala, por aprovar os pedidos de pretos e pardos e, por esta razão, ao não conceder o cartão ou crédito a estas pessoas pode ser acusado pelo crime de racismo? Estaríamos não mais diante de uma relação ou intermediação algorítmica, mas sim de uma discriminação algorítmica? Quando sistemas de inteligência artificial são afetados por informações enviesadas que alimentam seu funcionamento, o resultado será também enviesado. Ao serem construídos em cima de um banco de dados que reflete uma sociedade historicamente injusta, os algoritmos acabam tomando decisões injustas. É nesta senda que a crença tecnocrática – de que a eliminação do fator humano em determinados setores traria maior clareza e objetividade a processos sensíveis conduzidos por máquinas –, encontra grande rejeição, pois o que tem sido observado é a reprodução de antigos preconceitos. Mas o aparente problema não está enraizado no algoritmo, mas sim nos dados a ele conferidos. Tomando o exemplo de uma plataforma que

---

[358] Disponível em: https://agenciadenoticias.ibge.gov.br/agencia-sala-de-imprensa/2013-agencia-de-noticias/releases/9401-pnad-continua-taxa-de-desocupacao-vai-a-13-7-no-trimestre-encerrado-em-marco-de-2017, acesso em 18 de novembro de 2018.

[359] Disponível em: https://agenciadenoticias.ibge.gov.br/agencia-sala-de-imprensa/2013-agencia-de-noticias/releases/14057-asi-ibge-divulga-resultados-de-estudo-sobre-cor-ou-raca, e, https://istoe.com.br/as-cores-do-desemprego/, acesso em 18 de novembro de 2018.

[360] Disponível em: https://epocanegocios.globo.com/Economia/noticia/2017/07/epoca-negocios-numero-de-inadimplentes-no-brasil-em-maio-sobe-para-61-milhoes-e-bate-recorde.html, acesso em 18 de novembro de 2018.

analisa currículos para uma determinada vaga, se os milhares de currículos anteriores fornecidos ao algoritmo forem de homens, é provável que um algoritmo dê prioridade para candidatos do sexo masculino[361]. Mais, uma vez, a prevalência e anterioridade do ser humano sobre a tecnologia é incontestável.

De igual forma, nos ditos resultados enviesados, outro exemplo se encontra com respeito à necessidade ou desnecessidade de uma fundamentação humana em decisões automatizadas. Tomando o caso direto do ordenamento jurídico brasileiro como ponto de partida, é inegável que um dos principais elementos da sentença, segundo o novo Código de Processo Civil, seja a fundamentação, isto é, a exposição de motivos de fato e de direito que construíram o convencimento do magistrado ou órgão julgador ao tomar determinada decisão[362]. A tendência crescente do desenvolvimento dos algoritmos de inteligência artificial aponta para que matérias, ditas de decisão, sejam também por eles realizadas com frequência no futuro. Nas palavras de Sérgio Gillet e Vinícius Portela[363]:

> A tendência inexorável da contemporaneidade é que a automação e a virtualização de vários aspectos cotidianos se tornem cada vez mais frequentes e até imprescindíveis. Os detalhes da vida de cada indivíduo se transformaram em dados armazenados na nuvem e cruzados para determinar o passo seguinte a ser dado de modo automatizado e virtualizado. Essa atividade de conhecimento de dados e tomada de decisão – de modo simplificado –, quando é feita por uma máquina computacional, o que pode significar que se está possivelmente diante de alguma espécie de inteligência artificial. De forma virtual e automatizada, um computador dá uma resposta a um problema proposto a partir dos

---

[361] Para maior aprofundamento ver https://tecnologia.uol.com.br/noticias/redacao/2018/04/24/preconceito-das-maquinas-como-algoritmos-tomam-decisoes-discriminatorias.htm, acesso em 18 de novembro de 2018.

[362] BRASIL, Código de Processo Civil. Art. 11: "Todos os julgamentos dos órgãos do Poder Judiciário serão públicos, e fundamentadas todas as decisões, sob pena de nulidade.", bem como BRASIL, Código de Processo Civil. Art. 489: "São elementos essenciais da sentença: [...] II – os fundamentos, em que o juiz analisará as questões de fato e de direito; [...] IV – não enfrentar todos os argumentos deduzidos no processo capazes de, em tese, infirmar a conclusão adotada pelo julgador;".

[363] GILLET, Sérgio Augusto da Costa; PORTELA, Vinícius José Rockenbach. *Breves conexões entre a motivação das decisões judiciais e o campo da inteligência artificial*. Cadernos de Direito, v.18, n.34, pp. 153-171, Piracicaba, 2018, p 165.

dados a que tem acesso. Virtual por ocorrer no campo dos *bits*; e automatizado por ser realizado por uma máquina.

Desta feita, diante da necessidade constitucional e infraconstitucional de motivação das decisões, dotadas de argumentação, ou seja, o exercício próprio de entes capazes de aprenderem e se exprimirem por meio da linguagem natural, as inteligências artificiais parecem estar caminhando para tal cenário[364]. Utilizando-se de lógicas contemporâneas, as inteligências artificiais adquirem o papel de verdadeiros sistemas computacionais com funções cognitivas. Nestas, a principal lógica empregada é a dita paraconsistente, que difere da lógica clássica por não se limitar a análise de um verdadeiro e falso, mas por incluir em seu julgamento a inconsistência de que proposições contraditórias sejam tomadas como verdadeiras no fator de influência para a resposta ao final desejada, que tentará ser mais que consistente, razão pela qual o termo dado à lógica é paraconsistente[365], tão presente na mente e aprendizado humano. Nesse sentido é que surgem as inteligências artificiais ancoradas em redes neurais, de modo a replicarem o comportamento neuronal do cérebro humano, tornando-as capazes de aprender (como já evidenciado em capítulos anteriores) e com isso julgar, decidir, mas, muitos ainda defendem apenas seu papel de auxílio ao juiz ou ao órgão julgador, e não da total substituição do homem pela máquina, em razão de sua (ainda) limitada compreensão semântica[366].

---

[364] Ver o caso dos advogados-robôs nos judiciários do globo, ou os algoritmos-vestibulares franceses, disponíveis em: https://exame.abril.com.br/tecnologia/robo-advogado-facilita--processos-de-consumidores-contra-empresas/; https://juristas.com.br/2018/09/17/universidade-canadense-cria-o-primeiro-advogado-robo-que-litiga-usando-inteligencia-artificial/#.W7ucu2hKiUk; ou https://pradomachadoadv.jusbrasil.com.br/noticias/485256692/robo-advogado-usa-inteligencia-artificial-para-acelerar-processos-judiciais; e http://br.rfi.fr/ciencias/20160920-governo-frances-usa-algoritmo-para-diminuir-desigualdade-social--nas-escolas, respectivamente, todos com acesso em 18 de novembro de 2018.
[365] *passim* VARELA, Diego A. Lógica paraconsistente: lógicas da inconsistência formal e dialeteísmo. Fundamento, v. 1, n. 1, pp. 186-201, Ouro Preto, 2010.
[366] Para maior aprofundamento ver CELLA, José Renato Gaziero; VAZ, Ana Carolina. *Técnica do autoprecedente e inteligência artificial nos processos judiciais eletrônicos*. In: SERBENA, César Antônio (Coord.). e-Justiça e processo eletrônico: anais do 1º. Congresso de e-Justiça da UFPR. Curitiba: Juruá, 2013, p. 127-150, bem como, COSTA, Newton Carneiro Affonso da. Lógica, informática e direito. In: SERBENA, César Antônio (Coord.). e-Justiça e processo eletrônico: anais do 1º. Congresso de e-Justiça da UFPR. Curitiba: Juruá, 2013, p. 23-26, bem como,

São tantos os casos de implicações jurídicas na utilização dos algoritmos de inteligência artificial que precisaríamos de um algoritmo específico para acompanhá-los na rede em tempo real, para poder elencá-los e citá-los aqui, mas, por fim, apontamos algumas áreas como a vigilância e os sistemas de identificação biométrica que utilizam passadas e pesos de indivíduos em aeroportos[367], os sistemas de diagnóstico precoce de doenças e a humanização da saúde por inteligência artificial avançada[368] e até mesmo as previsões que nem Isaac Asimov[369] poderia ter feito, como a inteligência artificial utilizada em terrorismo[370], robôs criando rivalidades entre "si mesmos"[371], os robôs-funcionários em hotéis chineses[372] e o tráfego total da internet, hoje, ser um terço movido apenas e tão somente por "robôs"[373].

ESTRADA, Manuel Martín Pino. *A criação do Direito pela Inteligência Artificial*. Disponível em: http://direitoeti.com.br/artigos/a-criacao-do-direito-pela-inteligencia-artificial/, acesso em 18 de novembro de 2018.

[367] Disponível em: https://tecnologia.uol.com.br/noticias/redacao/2018/10/08/depois-das--digitais-e-dos-olhos-sua-pegada-dira-quem-e-voce.htm, ou http://www.comciencia.br/revolucao-tecnologica-automacao-e-vigilancia/, ambos com acesso em 18 de novembro de 2018.

[368] Disponível em: https://tecnologia.uol.com.br/colunas/rico-malvar/2018/10/01/inteligencia--artificial-na-saude-ira-muito-alem-de-robos.htm?fbclid=IwAR0QMdA06_A_3XdaSxGs hSquxb7E947jGfmKrjvc6Z8g0a0_7NtHGWSOWeg, acesso em 18 de novembro de 2018.

[369] Criador das três leis da robótica, foi um escritor e bioquímico americano, nascido na Rússia, autor de obras de ficção científica como a Trilogia da Fundação; Eu, Robô e O fim da Eternidade, livros que inspiraram uma série de filmes com mesmo nome. Disponível em: https://revistagalileu.globo.com/Cultura/noticia/2017/01/4-coisas-que-aprendemos-com--isaac-asimov.html, acesso em 18 de novembro de 2018.

[370] Disponível em: https://tecnologia.uol.com.br/noticias/redacao/2018/10/02/a-inteligencia--artificial-poderia-virar-arma-nas-maos-de-terroristas.htm, acesso em 18 de novembro de 2018.

[371] Disponível em: https://tecnologia.uol.com.br/noticias/redacao/2018/09/13/robos-ja--podem-desenvolver-rivalidade-por-conta-propria.htm; ou https://tecnologia.uol.com.br/noticias/redacao/2018/09/17/quer-um-robo-em-casa-cuidado-eles-podem-ser-hackeados--e-ficar-violentos.htm, ambos com acesso em 18 de novembro de 2018.

[372] Disponível em: http://www.ariehalpern.com.br/robo-de-entregas-e-mais-novo-funcionario-de-hotel-na-china/, acesso em 18 de novembro de 2018.

[373] Disponível em: http://propmark.com.br/digital/quase-um-terco-do-trafego-na-internet--e-de-robos-revela-adobe, acesso em 18 de novembro de 2018.

CONSIDERAÇÕES FINAIS

O trabalho apresentado tentou compreender como as mudanças tecnológicas trazidas pela dita pós-modernidade, especificamente pela ampla atuação dos algoritmos nas relações sociais humanas e como estas influenciaram as relações jurídicas consequentes e, como estas mudanças afetam nossa forma de encará-las dentro das diversas relações jurídicas.

As conclusões apresentadas encontram-se desenvolvidas ao longo dos capítulos de todo o trabalho. Contudo, serão apresentadas a seguir as principais conclusões extraíveis, levando-se em consideração os aspectos filosóficos, computacionais, sociológicos e/ou antropológicos, algorítmicos e legais.

Precisamos observar que quanto mais cálculos são inseridos ou realizados por um algoritmo, mais alterações são experimentadas na forma com que cada indivíduo se relaciona com outros, nos dizeres oitocentistas de produção cultural, quando se tem aí, uma intermediação algorítmica. Entendemos que os algoritmos são decorrência direta dessas relações humanas, intensificadas pelo consumismo, que por sua vez é ampliado a cada dia pela sociedade da informação, mas, diferente de muitos céticos e pessimistas, enxergamos a utilidade da superficialidade do consumo. Como Lipovetsky, alinhamo-nos no pensamento de que a efemeridade não incita guerras ou genocídios, apenas em alguma medida acirra a balança da futilidade e da frugalidade, cuja base, de ambas, está na liberdade que tantos homens e mulheres, lutando ao longo das décadas passadas, puderam nos propiciar.

Essa liberdade e o anseio por sua concretização e prática corriqueira, aliada ao desenvolvimento frenético das tecnologias, aparenta instar o ser humano em sociedade a ter mais tempo disponível para produzir mais e/ou, consequentemente, consumir mais em seu tempo livre, o que fomenta o mercado a investir mais em tecnologia que, por conseguinte, gera mais tempo para consumo e produção nesse ciclo aparentemente infindável, cujas repercussões psicossociais não são o objeto desta pesquisa, mas que pra uns são positivas, para outros negativas.

Nesse processo cíclico, observam-se casos de algoritmos que passaram a reproduzir comportamentos ditos humanos, como por exemplo, os preconceitos. Permita-nos exemplificar mais uma vez, trazendo o ocorrido com a professora Latanya Sweeney, da Universidade de Harvard, que em 2012 apontou que pesquisas de nomes tipicamente afro-americanos, dentro do ambiente virtual de buscas do Google, geravam publicidades direcionadas de empresas que realizavam checagem de antecedentes criminais, sugerindo, para alguns, que a pessoa pesquisada possuía alguma passagem pela polícia.

Concluímos que não há que se falar, necessariamente, que o programador do código seja racista ou preconceituoso, porém, um algoritmo que reflete o nosso mundo também poderia, logicamente, refletir e ampliar preconceitos existentes em nossa sociedade? Qual seria, então e, portanto, o papel do algoritmo no caso concreto? Não mostrar a realidade em verdadeiro ópio coletivo e solucionar magicamente as disparidades socioeconômicas que não deu causa? No caso supracitado da empresa Nubank, conceder crédito a quem não possui histórico positivo está nos objetivos de uma empresa ou apenas nos objetivos de um estado de bem-estar social? De quem é a culpa das mazelas dispares da história? Daqueles que a causaram ou dos que apenas evidenciam-na ou comunicam-na em alto e bom som? Na verdade, o que se procura não é que o algoritmo seja acusado como se fosse dotado de personalidade, mas sim, através das inconsistências por ele apontadas, buscar-se a solução das mesmas, ou seja, olhá-lo como um "sujeito" que aponta disparidades e divergências oriundas da convivência social fomentando o debate e a mudança. Corremos o sério risco de martirizarmos o mensageiro com decisões que queiram os refrear.

O debate se estreita ainda mais e promove maiores embates quando se trata da transparência governamental de algoritmos avançados e sua adoção por gestores públicos como apontamos anteriormente. Há inúmeros defensores da ideia de que um algoritmo deste porte e, relevância pública ou objetiva, seja fechado para apenas seus programadores e/ou criadores.

CONSIDERAÇÕES FINAIS

A coletividade, de certa forma, anseia por conhecer os parâmetros com que estes algoritmos trabalham e executam cálculos procedurais e com quais tipos de dados trabalha, coleta, cruza e armazena em seus registros. Estaríamos então, diante de uma necessária regulação algorítmica? Uma vez que estes são escritos de uma maneira técnico-específica, ininteligíveis para a maioria dos indivíduos da coletividade? Para alguns, isto não significa estancar o desenvolvimento das tecnologias disruptivas, mas para outros, a intervenção estatal lhes tiraria sua maior marca de inventividade já apontada neste trabalho: a liberdade de trabalhar com números e não apenas com variáveis humanas. Como todo avanço tecnológico já experimentado pelo animal humano, a sociedade precisa acompanhar as novidades de perto e tomar decisões acerca da proteção de interesses que ela considera relevantes em relação aos algoritmos.

Os programadores têm que possuir em mente o tipo de desafio e responsabilidade que, ao ser executado, um algoritmo perfaz nos campos ético, social e legal, devendo tomar todas as medidas técnicas importantes e necessárias para se evitar tais maus. Mas de igual forma, os profissionais das ditas áreas humanas devem perceber o atravancamento que, a simples oposição pelo desconhecido, pode ocasionar frente à solução de inúmeros problemas que a tecnologia se propõe a resolver.

A interdependência das ciências socias não podem colocá-las em caixas estanques e desconectadas da realidade prática do dia-a-dia. O ser humano inserido na sociedade da informação, de fato, realiza inúmeras condutas procedurais e repetitivas em seu cotidiano, o advento de algoritmos, programas e máquinas que possam fazê-las de forma muito mais rápida, precisa e eficiente, conjugada ao fator humano, em um casamento quase ciberfísico – máquinas, seres humanos e algoritmos – potencializa as próprias capacidades humanas. Que é o intuito inicial de toda e qualquer inovação ou tecnologia: melhorar a máquina humana.

Criar tecnologias menos humanas, que se pareçam mais com um robô em vez de uma pessoa, sem o ego ou o exagero de querer ser um criador, talvez seja a saída inteligente. Acreditamos que exista uma maneira de se respeitar o robô como um robô, o algoritmo como um algoritmo, sem a necessidade de uma figura "sui generis" e, assim, olhar para as funções do robô, máquina ou algoritmo ao invés de sua pretensa "personalidade".

Ao invés de se tentar construir ou "dar vida" à uma mulher serviçal, disponível 24 horas por dia, num chatbot ou assistente virtual como a Alexa, devemos enxergá-lo apenas como um apanhado de algoritmos que utiliza a imagem projetada em nossas mentes pela voz de uma mulher. A tecnologia sempre refletiu nossa cultura, então, idealmente, seria incrível que pudéssemos construir uma tecnologia baseada na cultura que queremos acreditar, em vez de baseada na sociedade que realmente temos. Mas isto novamente traz soluções "sui generis" complexas, que tornam, inclusive, plausível a alegação de que os assistentes virtuais nos deixem mais preguiçosos. Contudo, é inegável que tais tecnologias também podem nos liberar para fazer outras coisas, o que nos demonstra que os seres humanos sempre foram dependentes de tecnologias e que a barreira entre nós e a tecnologia sempre foi muito tênue. O caminho atual é questionar a dependência frente à preocupação exagerada que ela mesmo gera.

De igual modo, bradar os cantos da regulação não parece o melhor caminho, até porque tais regramentos esbarrarão na livre iniciativa e nas propriedades intelectuais de empresas que financiam ou promovem a confecção de algoritmos cada vez mais complexos, constituindo verdadeiro patrimônio de segredo industrial. Diante disto, concluímos que uma sociedade que só vê solução na ação do Estado deve aprender com os algoritmos e enxergar neles a possibilidade de uma saída individual e livre que, por fim, tornaria a alegação de Adam Smith real e palpável, de que o desenvolvimento individual gera sim o do coletivo a sua volta. Razão pela qual, mais uma vez, entendemos que os algoritmos devem ser interpretados pelo que fazem e não tanto pelo que "são", desta forma, as responsabilizações advindas de suas atividades recairão sempre sob os seres humanos responsáveis por sua elaboração ou "exploração".

No atual estágio do Direito e das relações jurídicas, classificar os algoritmos – e as máquinas e programas advindas destes, como sujeitos de direito, além das incongruências jusfilosóficas, há incongruências fáticas inconciliáveis, como por exemplo, "a" robô Sofia, apontada nesta obra, que recebeu a cidadania saudita, mas, que até então, sequer possui formas de se locomover "sozinha", uma vez que não possui pernas, rodas ou qualquer outro aparato que possibilite sua mobilidade própria, requisito que até lhe aproximaria dos semoventes, para que em uma interpretação alargada fomentasse-se sua personificação ou pessoalidade diante do Direito, como se quer operar com os animais não-humanos em pesquisas e teorias atuais.

Por fim, e até o momento, por mais que a mídia e os entusiastas tecnológicos queiram personificar tudo aquilo que classicamente é considerado como coisa, os algoritmos não possuem vontade própria ou discernimento que assim os garanta. Condicionados à vontade da empresa ou do programador, condicionarão também a responsabilização de seus idealizadores, pelo menos até que o *status quo* tecnológico, ou algorítmico, permaneça o mesmo.

REFERÊNCIAS

AMARAL NETO, Francisco dos Santos. *Direito Civil*. 14ª ed. Rio de Janeiro: Renovar, 2000.

ANDRADE, Manuel A. Domingues de. *Teoria da Relação Jurídica*, Vol. 1, Sujeitos e Objecto, Coimbra: Livraria Almedina, 2003.

ASCENSÃO, José de Oliveira. *Direito da Internet e da sociedade da informação*. Rio de Janeiro: Forense, 2002.

ÁVILA, Fernando Bastos de. *Solidarismo: alternativa para a globalização*. Aparecida: Editora Santuário, 1997.

BARBER, Benjamin R. Consumido. *Como o mercado corrompe crianças, infantiliza adultos e engole cidadãos*. Rio de Janeiro: Record, 2009.

BARBEIRO, Domenico. *Sistema Del Derecho Privado*. Trad. Santiago Sentis Melendo. Buenos Aires: Ediciones Jurídicas Europa-America, 1967.

BARBOSA, Marco Antonio. Pluralismo Jurídico na Sociedade da Informação. Revista Direitos Fundamentais & Justiça, ano 6, no 20, 2012, p.114-134.

_____. Pós-Modernidade: A Identidade – Real ou Virtual? Revista Direitos Culturais, Rio Grande do Sul, v.5: páginas 72-92, 2010.

BARRETO JUNIOR, Irineu Francisco. Proteção da Privacidade e de Dados Pessoais na Internet: O Marco Civil da rede examinado com fundamento nas teorias de Zygmunt Bauman e Manuel Castells. In: DE LUCCA, Newton; SIMÃO FILHO; Adalberto; DE LIMA; Cintia Rosa Pereira. (Org.). Direito & Internet III: Marco Civil da Internet. São Paulo: Quartier Latin, 2015.

BAUDRILLARD, Jean. *La sociedad de consumo. Sus mitos, sus estructuras*. Madrid: Siglo XXI, 2009.

BAUMAN, Zigmunt. *A arte da vida*. Rio de Janeiro: Jorge Zahar Ed., 2009.

_____. *Capitalismo parasitário e outros temas contemporâneos*. Rio de Janeiro: Zahar Ed., 2010.

_____. *Globalização: as consequências humanas*. Rio de Janeiro: Jorge Zahar Ed., 1999.

_____. *Modernidade líquida*. Rio de Janeiro: Jorge Zahar Ed., 2001.

_____. *Vida para consumo: a transformação das pessoas em mercadoria*. Rio de Janeiro: Jorge Zahar Ed., 2008.

BAUMANN, Renato (org). Uma visão econômica da globalização. In: O Brasil e a economia global. Rio de Janeiro: SOBEET: Campus: 1996.

BECHARA, Érika. A Proteção da Fauna sob a Ótica Constitucional. São Paulo: Juarez de Oliveira, 2003.

BEM, Leonardo Schmitt de. Teoria da relação jurídica. Análise da parte geral do novo código civil. Curitiba: JM Editora, 2004.

BERLINSKI, David. O advento do algoritmo: a ideia que governa o mundo. São Paulo: Globo, 2002.

BETTI, Emilio. Teoria Geral do Negócio Jurídico. Coimbra. Coimbra Editora, 1969.

BITTAR, Eduardo Carlos Bianca. Curso de ética jurídica: ética geral e profissional. São Paulo: Saraiva, 2002.

BOBBIO, Norberto. Teoria da Norma Jurídica. 2ª ed. São Paulo: Edipro, 2003.

BOÉTIE, Etienne de la. Discurso da servidão voluntária. São Paulo: Fonte Digital, 2006.

BORATTI, Isaias Camilo. Introdução à Programação: Algoritmos. Florianópolis: Visual Books, 2007.

BOYER, Carl Benjamin. História da matemática. Tradução de Elza F. Gomide. São Paulo, Edgard/Blucher, 1996.

CAENEGEM, Raoul Charles von. Uma Introdução Histórica ao Direito Privado. São Paulo: Martins Fontes, 2000.

CARVALHO, Orlando. Teoria geral do Direito Civil. Coimbra: Editora Coimbra, 2012.

CHRISTIAN, Brian. Algoritmos para viver: a ciência exata das decisões humanas. São Paulo: Companhia das Letras, 2017.

COELHO, Fábio Ulhoa. Curso de direito civil, 3ª. ed. São Paulo: Saraiva, 2009.

COOPER, G., GREEN, N., MURTAGH, G.M.,

HARPER, R., *Mobile Society? Technology, distance, and presence.*, in WOOLGAR, S., *Virtual society*. Oxford, Oxford Press, 2002.

CORDEIRO, Antonio Menezes. Da Responsabilidade Civil dos administradores das Sociedades Comerciais. Lisboa: LEX, 1997.

CORMEN, Thomas H.; LEISERSON, Charles E.; RIVEST, Ronald L.; STEIN, Clifford. Algoritmos: Teoria e Prática. Rio de Janeiro: Elsevier, 2012.

CUNHA, Manuela Carneiro da. Cultura com aspas. São Paulo: Ubu, 2017.

DEBORD, Guy. A sociedade do espetáculo. São Paulo: Coletivo Periferia, 2003.

DEL MASSO, Fabiano Dolenc; ABRUSIO, Juliana; FILHO, Marco Aurélio Florêncio (Coords.). Marco Civil da Internet: lei 12.965/2014. São Paulo: Editora Revista dos Tribunais, 2014.

DOMINGOS, Pedro. O algoritmo mestre. Como a busca pelo algoritmo de machine learning definitivo recriará nosso mundo. São Paulo: Novatec, 2017.

DUGUIT, Léon. Fundamentos do Direito. Tradução de Márcio Pugliesi, Coleção a obra-prima de cada autor, 267, São Paulo: Martin Claret, 2009.

ELIAS, Paulo Sá. Algoritmos, inteligência artificial e o Direito. Disponível em https://www.conjur.com.br/dl/algoritmos-inteligencia-artificial.pdf, acesso em 28 de abril de 2018.

ESPINOLA, Eduardo. Sistema de Direito Civil Brasileiro. 4ª ed. Rio de Janeiro: Conquista, 1961.

EVES, Howard, Introdução à História da Matemática, Unicamp, Campinas, 1997.

FACHIN, Luiz Edson. Direito Civil: sentidos, transformações e fim. São Paulo: Renovar, 2014.

REFERÊNCIAS

_____. Teoria Crítica do Direito Civil. Rio de Janeiro: Renovar, 2000.

FEATHERSTONE, Mike. Cultura de consumo e pós-modernismo. São Paulo: Studio Nobel, 1995.

FERNANDES, Ricardo Vieira de Carvalho; COSTA, Henrique de Araújo; CARVALHO, Angelo Gamba Prata de (Coord.). Tecnologia jurídica e direito digital I: Congresso Internacional de Direito e Tecnologia-2017. Belo Horizonte: Fórum, 2018.

FERRAZ JUNIOR, Tercio Sampaio. Introdução ao Estudo do Direito: técnica, decisão, dominação. 6ª ed. São Paulo: Atlas, 2012.

FERRY, Luc. Aprender a viver. Filosofia para os novos tempos. Rio de Janeiro: Objetiva, 2012.

FORNI, Andrea. *Robots – the new era. Living, working and investing in the robotics society of the future*. Translated by Midland Technical Translations. Italy, FRN Trading Strategies, 2015.

FOUCAULT, Michel. Microfísica do poder. Rio de Janeiro: Edições Graal, 1979.

FRAZÃO, Ana. Função social da empresa: repercussões sobre a responsabilidade civil de controladores e administradores de S/As. Rio de Janeiro: Renovar, 2011.

GALLOWAY, Alexander R. *What can a network do?* In. SILVEIRA, Sergio Amadeu. (Org.). Cidadania e redes sociais. São Paulo: Comitê Gestor da Internet no Brasil: Maracá – Educação e Tecnologias, 2010.

GARBI, Gilberto Geraldo. A Rainha das Ciências: um passeio histórico pelo maravilhoso mundo da matemática. 2ª. Ed ver. e ampl. São Paulo: Editora Livraria da Física, 2007.

GIDDENS, Anthony. As Consequências da Modernidade. São Paulo: UNESP, 1991.

GILLET, Sérgio Augusto da Costa; PORTELA, Vinícius José Rockenbach. *Breves conexões entre a motivação das decisões judiciais e o campo da inteligência artificial*. Revista Cadernos de Direito, v.18, n.34, pp. 153-171, Piracicaba, 2018.

GOMES, Luiz Roldão de Freitas. Contrato. Rio de janeiro: Renovar, 2002.

GOMES, Orlando. Introdução ao Direito Civil. Rio de Janeiro: Forense, 2001.

GONÇALVES, Carlos Roberto. Direito Civil Brasileiro, v.3. São Paulo: Saraiva, 2017.

GRIFFIN, David Ray; SHERBURNE, Donald W. *Process and Reality, an Essay in Cosmology. Gifford Lectures Delivered in the University of Edinburgh During The Session 1927-28 by Alfred North Whitehead*, New York: The Free Press, 1929.

HARTLEY, Scott. O *fuzzy* e o *techie*: por que as ciências humanas vão dominar o mundo digital. São Paulo: BEI Comunicação, 2017.

IANNI, Octavio. Teorias da Globalização. 17a ed. Rio de Janeiro: Civilização Brasileira, 2013.

ISAACSON, Walter. Os inovadores: uma biografia da revolução digital. São Paulo: Companhia das Letras, 2014.

JOHNSON, Steven. Cultura da Interface: como o computador transforma nossa maneira de criar e comunicar. Rio de Janeiro: Jorge Zahar Ed., 2001.

_____. Emergência: a vida integrada de formigas, cérebros, cidades e softwares. Rio de Janeiro: Jorge Zahar Ed., 2003.

JOUVENEL, Bertrand de. *On power. Its nature and the history of its growth*. Boston: Beacon Press, 1962.

KANT, Immanuel. O Conflito das Faculdades. Lisboa: Edições 70.

_____. Resposta à Pergunta: "O que é o

Iluminismo?", Lisboa: Edições 70.
KELSEN, Hans. Teoria Geral do Direito e do Estado. São Paulo: Martins Fontes. 1998.
KLEIN, Joel Thiago. A Resposta Kantiana à Pergunta: Que é Esclarecimento? Revista Ethic@, Florianópolis, 2009, v. 8, n. 2, p. 211-227.
LARSSON, Stefan. *Conceptions in the code. How metaphors explain legal challenges in digital times.* New York: Oxford University Press, 2017.
LUGER, G. F. Inteligência Artificial: Estruturas e Estratégias para a Solução de Problemas Complexos. Bookman, Porto Alegre, 2004.
LIPOVETSKY, Gilles. A Felicidade paradoxal: ensaio sobre a sociedade de hiperconsumo. São Paulo: Companhia das Letras, 2007.
_____. O Império do efêmero: a moda e seu destino nas sociedades modernas. São Paulo: Companhia das Letras, 1989.
LUHMANN, Niklas. A realidade dos meios de comunicação. São Paulo: Editora Paulus, 2005.
MARCONDES, Danilo. Iniciação à história da filosofia: dos pré-socráticos a Wittgenstein. Rio de Janeiro: Zahar, 2001.
MARKY, Thomas. Curso Elementar de Direito Romano, 8ª ed., São Paulo: Saraiva, 1995.
MARINELI, Privacidade e redes sociais virtuais: sob a égide da lei no 12.965/2014 – Marco Civil da Internet. Rio de Janeiro: Lúmen Júris, 2017.
MARQUES, Claudia Lima. Contratos no Código de Defesa do Consumidor: o novo regime das relações contratuais. 8. ed. São Paulo: Revista dos Tribunais, 2016.
MARTEL, Frédéric. Smart: o que você não sabe sobre a internet. Rio de Janeiro: Civilização Brasileira, 2015.
MATTELART, Armand. A invenção da comunicação. Lisboa: Instituto Piaget, 1994.
_____. A globalização da comunicação. São Paulo: EDUSC, 2002.
_____. História da sociedade da informação. São Paulo: Edições Loyola, 2006.
_____. História das teorias da comunicação. São Paulo: Edições Loyola, 2014.
MCCRACKEN, Grant. *Culture and consumption: new approaches to the symbolic character of consumer goods and activities.* Indiana University Press, Bloomington and Indianapolis, 1988.
MCGEE, Micki. *Self-Help, Inc.: makeover culture in american life.* New York: Oxford University Press.
MEIRELES, Rose Melo Vencelau. Autonomia privada e dignidade humana. Rio de janeiro: Renovar, 2009.
MOREIRA, Rômulo de Andrade. Globalização e crime. In: Globalização e direito. Rio de Janeiro: Forense. 2002.
NADER, Paulo. Introdução ao Estudo do Direito. 25ª ed. Rio de Janeiro: Forense, 2014.
NÓBREGA, Vandick Londres. História e Sistema de Direito Privado Romano. 3ª ed. São Paulo: Freitas Bastos, 1962.
PAESANI, Liliana Minardi. Direito e internet: liberdade de informação, privacidade e responsabilidade civil. São Paulo: Atlas, 2013.
PARISIER, Eli. O filtro invisível: o que a internet está escondendo de você. Rio de janeiro: Jorge Zahar Editora, 2012.
PASQUALE, Frank. The Black box Society: The secret algorithms that control Money and information. Cambridge: Harvard university Press, 2015.
PERLINGIER, Pietro. Il diritto civile nella legalità costituzionale. Nápoles: ESI,

2001.

_____. Perfis do Direito Civil. Rio de Janeiro: Renovar, 1999.

PIERRO, Bruno de. O mundo mediado por algoritmos. Revista Pesquisa FAPESP, Ano 19, N. 266, Abril/2018, p. 18-25.

PINHEIRO, Patrícia Peck. Direito digital. São Paulo: Saraiva, 2016.

RÁO, Vicente. O Direito e a Vida dos Direitos. 5ª ed. São Paulo: Revista dos Tribunais, 1999.

REALE, Miguel. Lições Preliminares de Direito. 27ª ed. São Paulo: Saraiva, 2002.

RODOTÀ, Stefano. Il diritto di avere diritti. Itália: Laterza, 2012.

ROSENVALD, Nelson. O Direito Civil em movimento. Salvador: JusPodivm, 2018.

RUSSEL, Bertrand. História da filosofia ocidental. São Paulo: Companhia Editora Nacional, 1957.

RUSSEL, Stuart J.; NORVIG, Peter. Inteligência artificial. Rio de Janeiro: Elsevier, 2013.

SANTAELLA, Lúcia; LEMOS, Renata. Redes sociais digitais: a cognição conectiva do Twitter. São Paulo: Editora Paulus, 2010.

SANTOS, Boaventura de Sousa. A Globalização e as ciências sociais. São Paulo: Cortez, 2011.

SANTOS, Marco Aurélio Moura dos. O discurso de ódio em redes sociais. São Paulo: Lura Editorial, 2016.

SCHWATTZ, Germano; COSTA, Renata Almeida da (Orgs.). Sociologia do direito em movimento. Canoas: Ed. Unilassale, 2017.

SENISE LISBOA, Roberto. Confiança contratual. São Paulo: Atlas, 2012.

_____. Contratos difusos e coletivos: a função social do contrato. São Paulo: Saraiva, 2012.

_____. Responsabilidade civil nas relações de consumo. São Paulo: Saraiva, 2012.

SIGNATES, Luiz. A sombra e o avesso da luz: Habermas e a comunicação social. Goiânia: Editora Kelps, 2009.

STRIPHAS, Theodore G. The late age of print: everyday book culture from consumerism to control. New York: Columbia University Press, 2009.

STRUTZEL, Tércio. Presença digital: estratégias eficazes para posicionar sua marca pessoal ou corporativa na web. Rio de Janeiro: Alta Books, 2015.

TAKAHASHI, Takeo. Sociedade da informação no Brasil: livro verde. Org. Tadao Takahashi. Brasília: Ministério da Ciência e Tecnologia, 2000.

TEPEDINO, Gustavo. Temas de direito civil, 4ª ed. Rio de Janeiro: Renovar, 2008.

TEPEDINO, Gustavo; TEIXEIRA, Ana Carolina Brochado; ALMEIDA, Vitor (Coords.). O Direito Civil entre o sujeito e a pessoa. Estudos em homenagem ao professor Stefano Rodotà. Belo Horizonte: Fórum, 2016.

TERRA, Aline de Miranda Valverde; SCHREIBER, Anderson; KONDER, Carlos Nelson. (coords.). Direito Civil Constitucional. São Paulo: Atlas, 2016.

TROMBLEY, Stephen. 50 Pensadores que formaram o mundo moderno: perfis de cinquenta filósofos, cientistas, teóricos políticos e sociais e líderes espirituais marcantes cujas ideias definiram a época em que vivemos. Rio de Janeiro: Leya, 2014.

TURKLE, Sherry. A Vida no Ecrã: a identidade na era da internet. Lisboa: Relógio D'água, 1997.

VARELA, Diego A. Lógica paraconsistente: lógicas da inconsistência formal e dialeteísmo. Fundamento, v. 1, n. 1, pp. 186-

201, Ouro Preto, 2010.

WEIL, Pierre. A nova ética. Rio de Janeiro: Editora Rosa dos Tempos, 1993.

WHITEHEAD, Alfred North. *Proceso y realidad*. Traducción de J. Rovira Armengol. Buenos Aires: Editorial Losada, 1956.

WIEACKER, Franz. *História do Moderno Direito Privado*. 2ª ed. Lisboa: Fundação Calouste Gulbenkian, 1993.

WOLKMER, Antônio Carlos. *Pluralismo jurídico*. São Paulo: Alfa-Omega, 1994.

WULF, Christoph. "Globalização universalizante ou diferenciada?". In: BARRET-DUCROCQ, Françoise (org). *Globalização para quem?* Uma discussão sobre os rumos da globalização. Trad.: Joana Angélica D'Avila Melo, São Paulo: ed. Futura, 2004.

ZANINI, Leonardo Estevam de Assis. *Contratação na sociedade massificada*. Revista Brasileira de Direito Civil – RBDCivil, vol. 14, p. 75-98, Belo Horizonte, 2017.